SUPPLÉMENT

AUX

INSTITUTES DE DROIT ADMINISTRATIF.

PARIS, IMPRIMERIE DE DUCESSOIS,
QUAI DES AUGUSTINS, 55.

SUPPLÉMENT

AUX

INSTITUTES DE DROIT

ADMINISTRATIF

DE M. LE BARON DE GERANDO,

CONTENANT

LES LOIS ET ORDONNANCES RELATIVES :

A l'organisation municipale ;

A l'organisation des conseils généraux des départemens et des conseils d'arrondissement ;

A l'organisation du conseil général et des conseils d'arrondissement du département de la Seine, et à l'organisation municipale de Paris ;

A l'expropriation pour cause d'utilité publique ;

ANNOTÉES.

PARIS.

CHEZ POURCHET, LIBRAIRE-ÉDITEUR,

RUE DES GRÈS, 8.

1836

Les Institutes du droit administratif de M. le baron de Gérando, ont été publiées de 1829 à 1830. Depuis lors, des actes fort importans du pouvoir législatif et du pouvoir exécutif sont intervenus pour réglementer les matières administratives : telles sont les lois sur l'organisation municipale, sur l'organisation des conseils généraux de département et des conseils d'arrondissement, sur l'organisation spéciale du conseil général du département de la Seine et du conseil municipal de la ville de Paris, les lois sur la garde nationale, les lois et les ordonnances sur l'expropriation et l'occupation pour cause d'utilité publique. Aussi une seconde édition des *Institutes* est-elle généralement désirée : mais le savant auteur de ce livre a cru devoir retarder l'édition nouvelle qu'il a préparée jusqu'à ce qu'il ait été statué définitivement par le pouvoir législatif sur plusieurs projets de lois d'un haut intérêt, qui ont été élaborés déjà par les deux chambres dans les dernières sessions : tels sont les projets sur les attributions des conseils généraux de département, des

conseils d'arrondissement et des conseils municipaux, sur l'organisation du conseil d'état,
sur la police du roulage, sur l'impôt des patentes, etc. Cependant l'enseignement du pro-
fesseur et les examens des élèves embrassent
des matières dont les règles actuelles ne se
trouvent point dans les *Institutes*, et qu'il faut
aller chercher au Bulletin officiel, ou dans des
collections qui ne sont point généralement à la
disposition des étudians. Beaucoup de jeunes
gens ont demandé que l'on recueillît dans un
volume, à leur usage, les actes principaux qui
manquent aux *Institutes*. Tel est le but de
cette publication. On a joint aux textes de brè-
ves annotations, qui, nous croyons pouvoir
l'assurer, rentrent dans l'esprit des leçons de
M. de Gérando. On a d'ailleurs indiqué,
pour chaque loi les différens numéros du
Moniteur où se trouvent les discussions législatives, afin que chacun puisse y recourir
au besoin, pour s'éclairer sur les difficultés qui se présenteraient à son esprit.
— Avons-nous besoin de dire que par cette
publication on n'entend pas anticiper sur
une seconde édition des *Institutes* ?

LOI

DU 22 JUIN 1833,

Sur l'organisation des conseils généraux de départe-
ment et des conseils d'arrondissement.

Présentation à la Chambre des Députés le 15 septembre 1831 (*Monit.* du 16 sept.); rapport par
M. Gillon le 11 avril 1832 (*Mon.* du 12 avril),
non suivi d'effet à cause de la clôture de la session.

Présentation dans une nouvelle session , à la
Chambre des Députés, le 8 décembre 1832 (*Mon.*
des 11 et 12 décembre); rapport par M. Gillon le
5 janvier 1833 (*Mon.* du 7); discussion le 7
(*Mon.* du 8), le 8 (*Mon.* du 9), le 9 (*Mon.* du 10),
le 10 (*Mon.* du 11), le 11 (*Mon.* du 12), le 14
(*Mon.* du 15), le 15 (*Mon.* du 16), le 16 (*Mon.*
du 17), le 17 (*Mon.* du 18); le 18 (*Mon.* du 19),
le 19 (*Mon.* du 20), le 22 (*Mon.* du 23), le 23
(*Mon.* du 24); adoption le 26 (*Mon.* du 27) à la
majorité de 205 voix contre 82.

Présentation à la Chambre des Pairs, le 25 février (*Mon.* du 26); rapport par M. de Ba-

rante le 4 avril (*Mon.* du 5), non suivi d'effet à
cause de la clôture de la session.

Présentation, dans une nouvelle session, à la
Chambre des Pairs, le 2 mai (*Mon.* du 3); rapport par M. de Barante le 4 mai (*Mon.* du 5);
discussion les 14, 15, 17, 18, 20, 21 (*Mon.*
des 15, 16, 18, 19, 21, 22); adoption le 25
(*Mon.* du 6) à la majorité de 98 voix contre 18.

Présentation à la Chambre des Députés, le 1er juin
(*Mon.* du 4); rapport par M. Gillon le 8 juin
(*Mon.* du 9); discussion, adoption le 10 (*Mon.*
du 11) à la majorité de 224 voix contre 42.

TITRE PREMIER.
Formation des Conseils généraux.

ARTICLE PREMIER.

Il y a dans chaque département un conseil général.

ART. 2.

Le conseil général est composé d'autant de membres qu'il y a de cantons dans le département, sans
pouvoir toutefois excéder le nombre trente.

ART. 3.

Un membre du conseil général est élu dans chaque canton par une assemblée électorale composée
des électeurs et des citoyens portés sur la liste du
jury; si leur nombre est au-dessous de cinquante,

le complément sera formé par l'appel des citoyens les plus imposés.

Dans les départemens qui ont plus de trente cantons, des réunions de cantons seront opérées conformément au tableau ci-annexé, de telle sorte que le département soit divisé en trente circonscriptions électorales.

Les électeurs, les citoyens inscrits sur la liste du jury, et les plus imposés portés sur la liste complémentaire dans chacun des cantons réunis, formeront une seule assemblée électorale.

Art. 4.

Nul ne sera éligible au conseil général de département s'il ne jouit des droits civils et politiques si au jour de son élection il n'est âgé de vingt-cinq ans, et s'il ne paie, depuis un an au moins 200 fr. de contributions directes dans le département.

Toutefois si, dans un arrondissement de sous-préfecture, le nombre des éligibles n'est pas sextuple du nombre des conseillers de département qui doivent être élus par les cantons ou circonscriptions électorales de cet arrondissement, le complément sera formé par les plus imposés.

Art. 5.

Ne pourront être nommés membres des conseils généraux :

1° Les préfets, sous-préfets, secrétaires-généraux et conseillers de préfectures ;

2° Les agens et comptables employés à la recette, à la perception ou au recouvrement des contributions, et au paiement des dépenses publiques de toute nature ;

3° Les ingénieurs des ponts et chaussées(1) et les architectes actuellement employés par l'administration dans le département(2) ;

---

(1) « Les ingénieurs des mines sont laissés dans l'éligibilité. Rien ne justifiait leur exclusion des conseils, où leur savoir et leur expérience seront infailliblement d'un grand secours. Leur indépendance est égale à celle de toute autre classe de citoyens ; car ils ne surveillent, dans l'intérêt de la sûreté publique, que des travaux dont l'entreprise est laissée à des spéculations privées. » (Rapport de M. Gillon.)

(2) « Il suffit qu'un architecte soit employé dans le département par l'administration qui régit ce département, pour qu'il soit inéligible ; c'est le sens que nous attachons à ce mot *administration.* Nous avons entendu exclure des conseils qui sont appelés à diriger et à surveiller les chefs de cette administration, les architectes qui se trouvent eux-mêmes placés sous la surveillance immédiate de ces chefs : tel l'architecte qui est salarié des deniers publics pour donner ses soins à la construction ou au bon entretien d'un édifice qui est ou départemental ou propriété de l'état. Il n'en est pas ainsi de l'architecte employé pour la bâtisse ou la surveillance d'édifices appartenant à des communes ou à des établissemens de communes, comme collèges, hospices ; celui-là est beaucoup moins dans la dépendance du sous-préfet et du préfet. Si la sévérité s'étendait jusqu'à lui, elle équivaudrait presque à l'exclusion des architectes prononcée en masse. » (Rapport de M. Gillon.)

4°. Les agens forestiers en fonctions dans le département et les employés des bureaux des préfectures et sous-préfectures (1).

ART. 6.

Nul ne peut être membre de plusieurs conseils généraux.

ART. 7.

Lorsqu'un membre du conseil général aura manqué à deux sessions consécutives sans excuses légitimes ou empêchement admis par le conseil, il sera considéré comme démissionnaire, et il sera procédé à une nouvelle élection, conformément à l'article 11.

ART. 8

Les membres des conseils généraux sont nommés pour *neuf* ans; ils sont renouvelés par *tiers* tous les *trois* ans, et sont indéfiniment rééligibles.

A la session qui suivra la première élection des conseils généraux, le conseil général divisera les cantons ou circonscriptions électorales du département en trois séries, en répartissant autant qu'il

---

(1) « Nous croyons utile l'exclusion des employés des préfectures et des sous-préfectures. Il est incontestable que, dans le département où ils sont salariés par l'administration, ils ne promettent pas une indépendance assez certaine vis-à-vis du préfet et du sous-préfet, dont ils ont parfois les actes à juger. » (Rapport de M. Gillon.)

sera possible dans une proportion égale les cantons ou circonscriptions électorales de chaque arrondissement dans chacune des séries. Il sera procédé à un tirage au sort pour régler l'ordre de renouvellement entre les séries. Ce tirage se fera par le préfet en conseil de préfecture et en séance publique.

ART. 9.

La dissolution d'un conseil général peut être prononcée par le roi; en ce cas, il est procédé à une nouvelle élection avant la session annuelle, et au plus tard dans le délai de trois mois à dater du jour de la dissolution.

ART. 10.

Le conseiller de département élu dans plusieurs cantons ou circonscriptions électorales sera tenu de déclarer son option au préfet dans le mois qui suivra les élections entre lesquelles il doit opter. A défaut d'option dans ce délai, le préfet, en conseil de préfecture et en séance publique, décidera par la voie du sort à quel canton ou circonscription électorale le conseiller appartiendra.

Il sera procédé de la même manière lorsqu'un citoyen aura été élu à la fois membre du conseil général et membre d'un ou plusieurs conseils d'arrondissement.

ART. 11.

En cas de vacance par option, décès, démission,

perte des droits civils ou politiques, l'assemblée électorale qui doit pourvoir à la vacance sera réunie dans
le dél'ai de deux mois.

TITRE II.

Règles de la Session des Conseils généraux.

ART. 12.

Un conseil général ne peut se réunir s'il n'a été
convoqué par le préfet en vertu d'une ordonnance
du roi, qui détermine l'époque et la durée de la
session.

Au jour indiqué pour la réunion du conseil général, le préfet donnera lecture de l'ordonnance de
convocation, recevra le serment des conseillers nouvellement élus, et déclarera au nom du roi que la
session est ouverte.

Les membres nouvellement élus qui n'ont pas assisté à l'ouverture de la session ne prennent séance
qu'après avoir prêté serment entre les mains du président du conseil général.

Le conseil, formé sous la présidence du doyen
d'âge, le plus jeune faisant les fonctions de secrétaire, nommera au scrutin et à la majorité absolue
des voix son président et son secrétaire.

Le préfet a entrée au conseil général ; il est entendu quand il le demande, et assiste aux délibérations, excepté lorsqu'il s'agit de l'apurement de ses
comptes.

Art. 13.

Les séances du conseil général ne sont pas publiques ; il ne peut délibérer que si la moitié plus un des conseillers sont présens ; les votes sont recueillis au scrutin secret toutes les fois que *quatre* des conseillers présens le réclament.

Art. 14.

Tout acte ou toute délibération d'un conseil général, relatifs à des objets qui ne sont pas légalement compris dans ses attributions, sont nuls et de nul effet. La nullité sera prononcée par une ordonnance du roi (1).

Art. 15.

Toute délibération prise hors de la réunion légale du conseil général est nulle de droit.

Le préfet, par un arrêté pris en conseil de préfecture, déclare la réunion illégale, prononce la nullité des actes, prend toutes les mesures nécessaires pour que l'assemblée se sépare immédiatement, et transmet son arrêté au procureur-général du ressort pour l'exécution des lois et l'application, s'il y a lieu, des peines déterminées par l'article 258 du

---

(1) « Il n'y a de nul dans une délibération que la partie seule de cette délibération qui porterait sur des objets hors de la compétence du conseil, tandis qu'au contraire, il y a nullité radicale et absolue de la délibération entière qui aurait été prise dans une réunion illégale. » (Rapport de M. Gillon.)

Code pénal. En cas de condamnation, les membres condamnés sont exclus du conseil, et inéligibles aux conseils de département et d'arrondissement pendant les trois années qui suivront la condamnation.

Art. 16.

Il est interdit à tout conseil général de se mettre en correspondance avec un ou plusieurs conseils d'arrondissement ou de département.

En cas d'infraction à cette disposition, le conseil général sera suspendu par le préfet en attendant que le roi ait statué.

Art. 17.

Il est interdit à tout conseil général de faire ou de publier aucune proclamation ou adresse.

En cas d'infraction à cette disposition, le préfet déclarera par arrêté que la session du conseil général est suspendue; il sera statué définitivement par ordonnance royale.

Art. 18.

Dans les cas prévus par les deux articles précédens, le préfet transmettra son arrêté au procureur-général du ressort pour l'exécution des lois, et l'application, s'il y a lieu, des peines déterminées par l'article 123 du Code pénal.

Art. 19.

Tout éditeur, imprimeur, journaliste ou autre,

qui rendra publics les actes interdits au conseil
général par les articles 15, 16 et 17, sera passible
des peines portées par l'article 123 du Code pénal.

TITRE III.

Des Conseils d'arrondissement.

ART. 20.

Il y aura dans chaque arrondissement de sous-
préfecture un conseil d'arrondissement composé
d'autant de membres que l'arrondissement a de cantons, sans que le nombre des conseillers puisse être
au-dessous de neuf (1).

ART. 21.

Si le nombre des cantons d'un arrondissement est
inférieur à neuf, une ordonnance royale répartira
entre les cantons les plus peuplés le nombre de conseillers d'arrondissement à élire pour complément(2).

---

(1) Le nombre moyen des cantons de chaque sous-préfecture, est
de huit.

Trois cent sept arrondissement comptent dix cantons et au-dessous. Les arrondissemens qui ont plus de douze cantons sont au
nombre de vingt seulement.

Enfin, trente-trois arrondissemens ont de dix à douze cantons.

(2) Cette ordonnance a paru, en date du 22 août 1833. Nous
ne croyons pas devoir la reproduire ici. Les tableaux qui l'accom-
pagnent sont fort développés, et ne présentent guère qu'un intérêt
de localité.

ART. 22.

Les conseillers d'arrondissement sont élus dans chaque canton par l'assemblée électorale, composée conformément au premier paragraphe de l'art. 3.

Dans les départemens où, conformément au deuxième paragraphe du même article 3, des cantons ont été réunis, les membres de cette assemblée électorale sont convoqués séparément dans leurs cantons respectifs pour élire les conseillers d'arrondissement.

ART. 23.

Les membres des conseils d'arrondissement peuvent être choisis parmi tous les citoyens âgés de vingt-cinq ans accomplis, jouissant des droits civils et politiques, payant dans le département, depuis un an au moins, 150 fr. de contributions directes, dont le tiers dans l'arrondissement, et qui ont leur domicile réel ou politique dans le département. Si le nombre des éligibles n'est pas sextuple du nombre des membres du conseil d'arrondissement, le complément sera formé par les plus imposés. Les incompatibilités prononcées par l'art. 5 sont applicables aux conseillers d'arrondissement.

ART. 24.

Nul ne peut être membre de plusieurs conseils d'arrondissement, ni d'un conseil d'arrondissement et d'un conseil général.

ART. 25.

Les membres des conseils d'arrondissement sont élus pour six ans. Ils sont renouvelés par moitié tous les trois ans. A la session qui suivra la première élection, le conseil général divisera en deux séries les cantons de chaque arrondissement. Il sera procédé à un tirage au sort pour régler l'ordre de renouvellement entre les deux séries. Ce tirage se fera par le préfet en conseil de préfecture et en séance publique.

ART. 26.

Les articles 7, 9, 10, 11, de la présente loi, sont applicables aux conseils d'arrondissement.

TITRE IV.

Règles pour la Session des Conseils d'arrondissement.

ART. 27.

Les conseils d'arrondissement ne pourront se réunir s'ils n'ont été convoqués par le préfet, en vertu d'une ordonnance du roi, qui détermine l'époque et la durée de la session.

Au jour indiqué pour la réunion d'un conseil d'arrondissement, le sous-préfet donne lecture de l'ordonnance du roi, reçoit le serment des conseillers nouvellement élus, et déclare, au nom du roi, que la session est ouverte.

Les membres nouvellement élus, qui n'ont point

assisté à l'ouverture de la session, ne prennent séance
qu'après avoir prêté serment entre les mains du président du conseil d'arrondissement.

Le conseil, formé sous la présidence du doyen
d'âge, le plus jeune faisant les fonctions de secrétaire, nommera au scrutin, et à la majorité absolue
des voix, son président et son secrétaire.

Le sous-préfet a entrée dans le conseil d'arrondissement; il est entendu quand il le demande, et
assiste aux délibérations.

ART. 28.

Les articles 13, 14, 15, 16, 17, 18 et 19, sont
applicables à la session des conseils d'arrondissement.

TITRE V.

Des listes d'Électeurs.

ART. 29.

Si un électeur, qui, aux termes de l'article 10 de
la loi du 19 avril 1831, a choisi son domicile politique hors de son domicile réel, veut néanmoins
coopérer à l'élection des conseillers de département
ou d'arrondissement dans le canton de son domicile
réel, il sera tenu d'en faire, trois mois d'avance,
une déclaration expresse aux greffes des justices de
paix du canton de son domicile politique et de son
domicile réel.

Art. 30.

Les citoyens qui n'ont pas été portés sur la liste
départementale du jury à cause de l'incompatibilité
résultant de l'art. 383 du Code d'Instruction crimi-
nelle, seront d'office, ou sur leur réclamation, inscrits comme ayant droit de coopérer à l'élection des
conseillers de département ou d'arrondissement dans
le canton de leur domicile réel.

Art. 31.

La liste supplémentaire qui comprendra les citoyens, désignés aux deux articles précédens, sera
dressée par canton dans les mêmes formes, dans les
mêmes délais, et de la même manière que les listes
électorales prescrites par la loi du 19 avril 1831.

Art. 32.

S'il y a moins de cinquante citoyens inscrits sur
lesdites listes, le préfet dressera une troisième liste,
comprenant les citoyens ayant domicile réel dans le
canton, qui devront compléter le nombre de cinquante, conformément à l'article 3 de la présente
loi. Cette liste sera affichée dans toutes les communes
du canton.

Toutes les fois que le nombre des citoyens portés
sur la liste électorale d'un canton, et sur la liste
supplémentaire mentionnée à l'article 31, ne s'élè-
vera pas au-delà de cinquante, le préfet fera publier,

dans les communes du canton, une liste dressée dans la même forme, et contenant les noms des dix citoyens susceptibles d'être appelés à compléter le nombre de cinquante, par suite des changemens qui surviendraient ultérieurement dans les listes électorales ou du jury.

ART. 33.

Tout citoyen payant dans un canton une somme de contributions qui le placerait sur la susdite liste des plus imposés, pourra se faire inscrire, bien qu'il n'y ait point son domicile réel, en faisant la déclaration prescrite par l'article 29.

TITRE VI.

De la tenue des assemblées électorales.

ART. 34.

Les assemblées électorales sont convoquées par le préfet au chef-lieu de canton, et, lorsque l'assemblée comprend plus d'un canton, au chef-lieu d'un des cantons réunis.

Toutefois le préfet pourra désigner, pour la tenue de l'assemblée, le chef-lieu d'une commune plus centrale ou de communications plus faciles.

ART. 35.

Il n'y aura qu'une seule assemblée lorsque le nombre des citoyens appelés à voter ne sera pas supérieur à trois cents. Au-delà de ce nombre, le préfet prendra un arrêté pour diviser l'assemblée en sections ; aucune section ne pourra comprendre moins de cent ni plus de trois cents.

Art. 36.

Si l'assemblée n'est pas fractionnée en sections, la présidence appartient au maire du chef-lieu de canton.

Dans le cas contraire, le maire préside la première section. Les adjoints, et, à défaut des adjoints, les membres du conseil municipal de cette commune, selon l'ordre du tableau, président les autres sections.

Le droit de suffrage est exercé par le président de l'assemblée et par les présidens de sections, même lorsqu'ils ne sont pas inscrits sur les listes.

Art. 37.

Le président a seul la police de l'assemblée ou de la section où il siége ; les assemblées ne peuvent s'occuper d'aucun autre objet que des élections qui leur sont attribuées. Toutes discussions, toutes délibérations leur sont interdites.

Art. 38.

Nul électeur ne peut se présenter armé dans l'assemblée.

Art. 39.

Le président appelle au bureau, pour remplir

les fonctions de scrutateurs, les deux plus âgés et les deux plus jeunes des électeurs présens à la séance, sachant lire et écrire. Le bureau ainsi constitué désigne le secrétaire.

Art. 40.

Nul ne pourra être admis à voter s'il n'est inscrit, soit sur la liste des électeurs et du jury, soit sur la liste supplémentaire mentionnée à l'art. 31, soit enfin sur la liste des plus imposés mentionnée à l'article 32.

Ces listes seront affichées dans la salle, et déposées sur le bureau du président; toutefois le bureau sera tenu d'admettre à voter ceux qui se présenteraient munis d'un arrêt de cour royale déclarant qu'ils font partie d'une des listes susdites, et ceux qui sont en instance, soit devant le tribunal, soit devant le conseil de préfecture, au sujet d'une décision qui aurait ordonné que leurs noms seraient rayés de la liste.

Cette admission n'entraînera aucun retranchement sur la liste complémentaire des plus imposés.

Art. 41.

Avant de voter pour la première fois, chaque membre de l'assemblée prête le serment prescrit par la loi du 31 août 1830.

Art. 42.

Chaque électeur, après avoir été appelé, reçoit du

président un bulletin ouvert où il écrit ou fait écrire secrètement son vote, par un électeur de son choix, sur une table disposée à cet effet, et séparée du bureau ; puis il remet son bulletin écrit et fermé au président, qui le dépose dans la boîte destinée à cet usage.

ART. 43.

La table placée devant le président et les scrutateurs sera disposée de telle sorte que les électeurs puissent circuler à l'entour pendant le dépouillement du scrutin.

ART. 44.

Les votans sont successivement inscrits sur une liste qui est ensuite annexée au procès-verbal des opérations, après avoir été certifiée et signée par les membres du bureau.

ART. 45.

La présence du *tiers* plus un des électeurs inscrits sur les listes, et la majorité absolue des votes exprimés sont nécessaires, au premier tour de scrutin, pour qu'il y ait élection.

Au deuxième tour de scrutin, la majorité relative suffit, quel que soit le nombre des électeurs présens.

En cas d'égalité du nombre de suffrages, l'élection est acquise au plus âgé.

ART. 46.

Lorsque la boîte du scrutin aura été ouverte et le

nombre des bulletins vérifié, un des scrutateurs prendra successivement chaque bulletin, le dépliera, le remettra au président, qui en fera la lecture à haute voix et le passera à un autre scrutateur.

Immédiatement après le dépouillement, les bulletins seront brûlés en présence de l'assemblée.

Dans les assemblées divisées en plusieurs sections, le dépouillement du scrutin se fait dans chaque section ; le résultat en est arrêté et signé par les membres du bureau ; il est immédiatement porté par le président de chaque section au bureau de la première section, qui fait, en présence des présidens de toutes les sections, le recensement général des votes.

Art. 47.

Les deux tours de scrutin prévus par l'article 45 ci-dessus peuvent avoir lieu le même jour ; mais chaque scrutin doit rester ouvert pendant trois heures au moins.

Trois membres au moins du bureau, y compris le secrétaire, doivent toujours être présens.

Art. 48.

Le bureau statue provisoirement sur les difficultés qui s'élèvent au sujet des opérations de l'assemblée.

Art. 49.

En aucun cas, les opérations de l'assemblée électorale ne pourront durer plus de deux jours.

ART. 5o.

Les procès-verbaux des opérations des assemblées remis par les présidens sont, par l'intermédiaire du sous-préfet, transmis au préfet, qui, s'il croit que les conditions et formalités légalement prescrites n'ont pas été observées, doit dans le délai de quinze jours, à dater de la réception du procès-verbal, déférer le jugement de la nullité au conseil de préfecture, lequel prononcera dans le mois.

ART. 51.

Tout membre de l'assemblée électorale a le droit d'arguer les opérations de nullité. Si sa réclamation n'a pas été consignée au procès-verbal, elle est déposée dans le délai de cinq jours, à partir du jour de l'élection, au secrétariat de la sous-préfecture, et jugée, sauf recours, par le conseil de préfecture, dans le délai d'un mois, à compter de sa réception à la préfecture.

ART. 52.

Si la réclamation est fondée sur l'incapacité légale d'un ou de plusieurs membres élus, la question est portée devant le tribunal de l'arrondissement, qui statue, sauf l'appel. L'acte d'appel devra, sous peine de nullité, être justifié dans les dix jours à la partie, quelle que soit la distance des lieux. La cause sera jugée sommairement, et conformément au paragraphe 4 de l'article 33 de la loi du 19 avril 1831.

Art. 53.

Le recours au conseil-d'état sera exercé par la voie contentieuse, jugé publiquement et sans frais.

Art. 54.

Le recours devant le conseil-d'état sera suspensif lorsqu'il sera exercé par le conseiller élu.

L'appel des jugemens des tribunaux ne sera pas suspensif lorsqu'il sera interjeté par le préfet.

TITRE VII.

Dispositions transitoires.

Art. 55.

L'élection des conseils généraux et des conseils d'arrondissement sera faite dans le délai de six mois, à dater de la promulgation de la présente loi.

Art. 56.

Le tableau des réunions de cantons prescrites par l'article 3 de la présente loi dans les départemens qui ont plus de trente cantons, sera communiqué aux conseils généraux et aux conseils d'arrondissement institués en vertu de la présente loi, dans leur plus prochaine session.

Les observations que pourraient faire ces conseils sur les réunions de cantons seront imprimées et distribuées aux Chambres.

ART. 57.

La présente loi n'est pas applicable au département de la Seine; il sera statué à son égard par une loi spéciale.

====

LOI

DU 21 MARS 1851

SUR

L'ORGANISATION MUNICIPALE.

Proposition à la Chambre des Députés, par M. Humblot-Conté le 7 septembre 1830; rapport par M. Félix Faure, le 29 décembre (*Mon.* des 2 et 3 janvier 1831); discussion les 29 et 30 (*Mon.* des 30 et 31 janvier) 1er, 2, 3, 4, 5, 6, 8, 9, 10, 11, 12, 13, 15, 16, 17 février (*Mon.* idem); adoption le 18 (*Mon.* du 19), à la majorité de 152 voix contre 86.

Envoi à la Chambre des Pairs, le 19 février (*Mon.* du 21); rapport par M. le duc de Praslin, le 1er mars (*Mon.* du 2); discussion le 3 (*Mon.* du 4), adoption le 4 (*Mon.* du 5), à la majorité de 95 voix contre 4.

TITRE PREMIER (1).

Du Corps municipal.

—

CHAPITRE PREMIER.

De la Composition du Corps municipal.

ART. 1er.

Le corps municipal de chaque commune se compose du maire, de ses adjoints et des conseillers municipaux.

---

(1) On peut se demander à quoi bon ces mots *titre* 1er, puisqu'il n'y a qu'un seul titre dans la loi ; cela paraît contraire aux usages suivis dans la rédaction des lois. Voici l'explication : la proposition faite par M. Humblot-Conté, et qui n'était guère que la reproduction du projet présenté en 1829 par M. de Martignac, au nom du gouvernement, était distribuée en six titres : titre 1er, *des communes ;* titre 2, *du corps municipal ;* titre 3, *de l'administration des communes,* etc. Mais la commission de la chambre des députés, chargée de l'examen préalable de cette proposition, pensa que dans les circonstances où l'on se trouvait placé, il convenait de s'occuper seulement des deux premiers titres, afin de réaliser le plus tôt possible l'une des prescriptions de l'art. 69 de la nouvelle charte, qui disposait qu'il serait pourvu, par des lois séparées et dans le plus court délai possible, à des institutions départementales et municipales, fondées sur un système électif.

Le titre 1er, renfermant seulement deux articles qui divisaient

Les fonctions des maires, des adjoints et des autres membres du corps municipal, sont essentielle-
ment gratuites, et ne peuvent donner lieu à aucune
indemnité ni frais de représentation (1).

Art. 2.

Il y aura un seul adjoint dans les communes de
deux mille cinq cents habitans et au-dessous ; deux,
dans celle de deux mille cinq cents à dix mille habitans; et dans les communes d'une population supérieure, un adjoint de plus par chaque excédant de
vingt mille habitans. (*Loi du 28 pluviose an VII*,
art. 12) (2).

---

les communes en urbaines et rurales, fut supprimé dans la discussion comme inutile et pouvant offrir des inconvéniens. Le titre second devint alors le titre premier, sans qu'aucune des deux chambres ait remarqué que cette division devenait inutile.

(1) Les fonctions des membres du corps municipal sont *essen-
tiellement gratuites ;* la loi veut même qu'elles ne puissent donner
lieu à *aucune indemnité ni frais de représentation.*

Ces dernières expressions ont été insérées dans la loi pour pré-
venir des abus qui avaient eu lieu précédemment, mais peut-être
les termes employés sont-ils trop absolus. Dans notre état de société,
le maire d'une grande ville est tenu à une certaine représentation à
laquelle les gens riches peuvent seuls suffire. Interdire aux villes
d'allouer des frais de représentation à leur premier magistrat, c'est
souvent les priver d'un administrateur qui aurait le mieux géré
leurs intérêts.

(2) L'expérience semble avoir prouvé que le nombre des adjoints,
tel qu'il est ici fixé, peut n'être pas toujours suffisant. Le gouver-

Lorsque la mer ou quelque autre obstacle rend
difficiles, dangereuses ou momentanément impos-
sibles, les communications entre le chef-lieu et une
portion de commune, un adjoint spécial, pris parmi
les habitans de cette fraction, est nommé en sus du
nombre ordinaire, et remplit les fonctions d'officier
de l'état civil dans cette partie détachée de la commune.

ART. 3.

Les maires et les adjoints sont nommés par le roi,
ou en son nom par le préfet.

Dans les communes qui ont trois mille habitans

---

nement, dans un projet de loi présenté à la chambre des députés,
dans la séance du 8 décembre 1852, a demandé qu'on lui accordât
la *faculté d'accroître le nombre des adjoints, par l'adjonction
d'un nouveau membre du conseil municipal, lorsque les besoins
du service l'exigeront.*

« Le chiffre adopté par la loi du 21 mars 1831, disait M. le ministre de l'intérieur, est celui de l'an VIII ; mais depuis l'an VIII, les
attributions des autorités municipales ont reçu de notables augmen-
tations ; de plus, des portions de communes séparées du chef-lieu,
telles qu'un bourg, un hameau, ne présentent pas par leur situation
des obstacles de la nature de ceux que mentionne la loi du 21 mars ;
cependant, ces parties de communes exigent une surveillance sous
le rapport de la police. Il est évidemment utile, et cela n'offre
d'ailleurs aucun danger, d'établir dans ces lieux un adjoint spécial
sur la demande des maires et d'après l'avis du conseil municipal. »
La commission qui avait été chargée par la chambre de l'examen
préalable du projet de loi, était entrée dans ces vues ; mais le projet n'a point été mis en discussion.

et au-dessus, ils sont nommés par le roi, ainsi que dans les chefs-lieux d'arrondissement, quelle que soit la population.

Les maires et les adjoints seront choisis parmi les membres du conseil municipal, et ne cesseront pas pour cela d'en faire partie.

Ils peuvent être suspendus par un arrêt du préfet; mais ils ne sont révocables que par une ordonnance du roi (1).

Art. 4.

Les maires et les adjoints sont nommés pour trois ans; ils doivent être âgés de vingt-cinq ans accomplis.

Ils doivent avoir leur domicile réel dans la commune.

---

(1) Dans les *Institutes du droit administratif*, M. le baron de Gérando a fort bien expliqué (*voir* t. 1er, p. 172) comment le maire, indépendamment des fonctions qu'il remplit dans l'ordre judiciaire, est encore investi, dans l'ordre administratif, d'un double caractère, puisqu'il est tout à la fois le délégué de l'autorité royale pour l'exécution des lois et réglemens, et le représentant de la commune pour les intérêts qui lui sont propres. C'est pour cela que le maire tient ses fonctions tout à la fois du choix de ses concitoyens et de celui du roi, ou d'un préfet en son nom. Il faut dire la même chose des adjoints. Quant aux conseillers municipaux, qui ne sont que les représentans des intérêts individuels de la commune, qui ne sont point des agens du gouvernement, ainsi que le constate la jurisprudence du conseil-d'état, ils tiennent leur mandat uniquement des communistes.

ART. 5.

En cas d'absence ou d'empêchement, le maire est remplacé par l'adjoint disponible le premier dans l'ordre des nominations (1).

En cas d'absence ou d'empêchement du maire et des adjoints, le maire est remplacé par le conseiller municipal le premier dans l'ordre du tableau, lequel sera dressé suivant le nombre des suffrages obtenus (2).

ART. 6.

Ne peuvent être ni maires ni adjoints :

1° Les membres des cours et tribunaux de première instance et des justices de paix ;

2° Les ministres des cultes ;

3° Les militaires et employés des armées de terre et de mer en activité de service ou en disponibilité ;

4° Les ingénieurs des ponts et chaussées et des mines en activité de service ;

5° Les agens et employés des administrations financières et des forêts ;

6° Les fonctionnaires et employés des colléges communaux et les instituteurs primaires :

---

(1) *Dans l'ordre des nominations*, qu'elles émanent du roi ou du préfet. (Rapport à la Chambre des Députés.)

(2) *Suivant le nombre des suffrages obtenus.* Dans le cas où ce nombre serait égal pour plusieurs conseillers municipaux, ils devraient être placés à raison de l'âge, en commençant par le plus ancien (*Ibidem.*)

7° Les commissaires et agens de police (1).

ART. 7.

Néanmoins les juges suppléans aux tribunaux de première instance et les suppléans des juges de paix peuvent être maires ou adjoints.

Les agens salariés du maire ne peuvent être ses adjoints (2).

ART. 8.

Il y a incompatibilité entre les fonctions de maire et d'adjoint et le service de la garde nationale.

CHAPITRE II.

Des Conseils municipaux.

SECTION PREMIÈRE.

De la composition des Conseils municipaux.

ART. 9.

Chaque commune a un conseil municipal composé, y compris les maire et adjoints :

De dix membres, dans les communes de cinq cents habitans et au-dessous ;

---

(1) Il faut rapporter ici les exclusions qui sont énumérées dans l'art. 18. En effet; les maires et les adjoints doivent être pris dans les conseillers municipaux; et, partant, ceux qui ne peuvent être conseillers municipaux, ne peuvent-ils, à plus forte raison, être maires ou adjoints.

(2) L'exclusion énoncée dans le 2° paragraphe de cet article ne s'étend ni aux fermiers ni aux colons partiaires. Cela résulte du rejet d'un amendement proposé à la chambre des députés.

De douze, dans celles de cinq cents à quinze cents ;

De seize, dans celles de quinze cents à deux mille cinq cents ;

De vingt et un, dans celles de deux mille cinq cents à trois mille cinq cents ;

De vingt-trois, dans celles de trois mille cinq cents à dix mille ;

De vingt-sept, dans celles de dix mille à trente mille ;

Et de trente-six, dans celles d'une population de trente mille ames et au-dessus.

Dans les communes où il y aura plus de trois adjoints, le conseil municipal sera augmenté d'un nombre de membres égal à celui des adjoints au-dessus de trois.

Dans celles où il aura été nommé un ou plusieurs adjoints spéciaux et supplémentaires en vertu du second paragraphe de l'article 2 de la présente loi, le conseil municipal sera également augmenté d'un nombre égal à celui des adjoints.

ART. 10.

Les conseillers municipaux sont élus par l'assemblée des électeurs communaux.

ART. 11.

Sont appelés à cette assemblée, 1° les citoyens les plus imposés aux rôles des contributions directes de la commune, âgés de vingt et un ans accomplis, dans les proportions suivantes :

Pour les communes de mille ames et au-dessous un nombre égal au dixième de la population de la commune :

Ce nombre s'accroîtra de cinq par cent habitans en sus de mille jusqu'à cinq mille ;

De quatre par cent habitans en sus de cinq mille jusqu'à quinze mille ;

De trois par cent habitans au-dessus de quinze mille ;

2° Les membres des cours et tribunaux, les juges de paix et leurs suppléans ;

Les membres des chambres de commerce, des conseils de manufactures, des conseils de prud'hommes ;

Les membres des commissions administratives des colléges, des hospices et des bureaux de bienfaisance ;

Les officiers de la garde nationale ;

Les membres et correspondans de l'institut, les membres des sociétés savantes instituées ou autorisées par une loi ;

Les docteurs de l'une ou de plusieurs des facultés de droit, de médecine, des sciences, des lettres, après trois ans de domicile réel dans la commune ;

Les avocats inscrits au tableau, les avoués près les cours et tribunaux, les notaires, les licenciés de l'une des facultés de droit, des sciences, des lettres, chargésde l'enseignement de quelqu'une des matières ap-

partenant à la faculté où ils auront pris leur licence,
les uns et les autres après cinq ans d'exercice et de
domicile réel dans la commune;

Les anciens fonctionnaires de l'ordre administratif
et judiciaire jouissant d'une pension de retraite;

Les employés des administrations civiles et militaires jouissant d'une pension de retraite de six cents
francs et au-dessus;

Les élèves de l'École Polytechnique qui ont été, à
leur sortie, déclarés admis ou admissibles dans les
services publics, après deux ans de domicile réel
dans la commune : toutefois les officiers appelés à
jouir du droit électoral, en qualité d'anciens élèves
de l'École Polytechnique, ne pourront l'exercer dans
les communes où ils se trouveront en garnison,
qu'autant qu'ils y auraient acquis leur domicile civil
ou politique avant de faire partie de la garnison;

Les officiers de terre et de mer jouissant d'une pension de retraite;

Les citoyens appelés à voter aux élections des membres de la Chambre des députés ou des conseils généraux des départemens, quel que soit le taux de leurs
contributions dans la commune (1)

_____

(1) Une circulaire du ministre de l'intérieur, à la date du 10 mai
1831, porte:

« Si deux citoyens paient la même cote contributive, le plus âgé
sera inscrit de préférence.

» L'âge de vingt-un ans doit, par assimilation avec l'art. 19 de

ART. 12.

Le nombre des électeurs domiciliés dans la commune ne pourra être moindre de trente, sauf le cas où il ne se trouverait pas un nombre suffisant de citoyens payant une contribution personnelle.

ART. 13.

Les citoyens qualifiés pour voter dans l'assemblée des électeurs communaux, conformément au paragraphe 2 de l'article 11, et qui seraient en même temps inscrits sur la liste des plus imposés, voteront en cette dernière qualité.

ART. 14.

Le tiers de la contribution du domaine exploité par un fermier, à prix d'argent ou à portion de fruits, lui est compté pour être inscrit sur la liste des plus imposés de la commune, sans diminution des droits du propriétaire du domaine.

ART. 15.

Les membres du conseil municipal seront tous choisis sur la liste des électeurs communaux, et les

---

la loi du 19 avril, pour les membres des collèges électoraux, être accompli à l'époque de la clôture des listes. »

Le comité de l'intérieur du conseil-d'état a, dans sa séance du 4 mai 1831, émis cette opinion que, pour être électeur communal, il faut être *majeur de vingt-un ans, et jouir des droits civils et civiques dans toute leur plénitude.*

trois quarts, au moins, parmi les électeurs domiciliés dans la commune.

Art. 16.

Les deux tiers des conseillers municipaux sont né-
cessairement choisis parmi les électeurs désignés au
paragraphe 1er de l'article 11; l'autre tiers peut
être choisi parmi tous les citoyens ayant droit de
voter dans l'assemblée en vertu de l'article 11 (1).

Art. 17.

Les conseillers municipaux doivent être âgés de
vingt-cinq ans accomplis. Ils sont élus pour six ans
et toujours rééligibles.

Les conseils seront renouvelés par moitié tous les
trois ans (2).

Art. 18.

Les préfets, sous-préfets, secrétaires généraux et
conseillers de préfecture, les ministres des divers

---

(1) Lorsque les deux tiers ou les trois quarts ne feront pas un
nombre entier, les fractions devront être comptées pour une unité.
Ainsi, il y a seize conseillers à nommer; les deux tiers de seize
étant 10 2/3, il faudra onze conseillers choisis parmi les personnes
auxquelles a trait le paragraphe 1er de l'art. 11.

(2) Le sort désignera ceux qui seront compris dans la moitié
sortant.

Si la totalité du corps municipal est un nombre impair, la fraction la plus forte sortira la première. (*Voir* art. 53.)

cultes en exercice dans la commune ; les comptables
des revenus communaux et tout agent salarié par la
commune, ne peuvent être membres des conseils
municipaux. Nul ne peut être membre de deux conseils municipaux.

Art. 19.

Tout membre d'un conseil municipal dont les
droits civiques auraient été suspendus, ou qui en aurait perdu la jouissance, cessera d'en faire partie, et
ne pourra être réélu que lorsqu'il aura recouvré les
droits dont il aurait été privé.

Art. 20.

Dans les communes de cinq cents âmes et au-dessus, les parens au degré de père, de fils, de frère,
et les alliés au même degré, ne peuvent être en
même temps membres du même conseil municipal.

Art. 21.

Toutes les dispositions des lois précédentes, concernant les incompatibilités et empêchemens des
fonctions municipales, sont abrogées.

Art. 22.

En cas de vacance dans l'intervalle des élections
triennales, il devra être procédé au remplacement
dès que le conseil municipal se trouvera réduit aux
trois quarts de ces membres (1).

(1) Il n'est pas douteux que les membres ainsi nommés seront,

SECTION II.

Des Assemblées des Conseils municipaux.

ART. 23.

Les conseils municipaux se réunissent quatre fois l'année, au commencement des mois de février, mai, août et novembre. Chaque session peut durer dix jours.

ART. 24.

Le préfet ou sous-préfet prescrit la convocation extraordinaire du conseil municipal, ou l'autorise sur la demande du maire, toutes les fois que les intérêts de la commune l'exigent.

Dans les sessions ordinaires, le conseil municipal peut s'occuper de toutes les matières qui rentrent dans ses attributions.

En cas de réunion extraordinaire, il ne peut s'occuper que des objets pour lesquels il a été spécialement convoqué.

La convocation pourra également être autorisée pour un objet spécial et déterminé, sur la demande du tiers des membres du conseil municipal adressée directement au préfet, qui ne pourra la refuser que par un arrêt motivé, qui sera notifié aux réclamans, et dont ils pourront appeler au roi.

comme les autres, soumis au renouvellement qu'amènera l'expiration des trois années.

Le maire préside le conseil municipal ; les fonctions de secrétaires sont remplies par un de ses membres, nommé au scrutin et à la majorité à l'ouverture de chaque session.

ART. 25.

Le conseil municipal ne peut délibérer que lorsque la majorité des membres en exercice assiste au conseil.

Il ne pourra être refusé à aucun des citoyens contribuables de la commune communication, sans déplacement, des délibérations des conseils municipaux.

ART. 26.

Le préfet déclarera démissionnaire tout membre d'un conseil municipal qui aura manqué à trois convocations consécutives, sans motifs reconnus légitimes par le conseil.

ART. 27.

La dissolution des conseils municipaux peut être prononcée par le roi.

L'ordonnance de dissolution fixera l'époque de la réélection.

Il ne pourra y avoir un délai de plus de trois mois entre la dissolution et la réélection. Toutefois, dans le cas où les maires et adjoints cesseraient leurs fonctions par des causes quelconques avant la réélection du corps municipal, le roi, ou le préfet en son nom, pourront désigner sur la liste des électeurs de la commune les citoyens qui exerceront provisoirement les fonctions de maire et d'adjoints.

ART. 28.

Toute délibération d'un conseil municipal portant sur des objets étrangers à ses attributions est nulle de plein droit. Le préfet, en conseil de préfecture, déclarera la nullité, le conseil pourra appeler au roi de cette décision (1).

───────────────

(1) La décision du préfet, dans ce cas, est une mesure qui se rattache au pouvoir discrétionnaire accordé à l'administration, dans l'intérêt de l'ordre public. Le recours contre cette décision doit être porté au roi par la voie gracieuse, pour y être statué sur le rapport du ministre compétent (aujourd'hui, le ministre de l'intérieur), et non point au roi en conseil d'état, par la voie contentieuse.

On sait, du reste, la différence qui existe entre les décisions du préfet en conseil de préfecture et les décisions du conseil de préfecture.

Le préfet en conseil de préfecture, c'est le préfet prenant une décision qui lui est propre après avoir consulté les membres du conseil de préfecture, mais sans être obligé de se conformer à leur opinion. Le conseil de préfecture, c'est un tribunal, où peut siéger le préfet (avec voix prépondérante en cas de partage, il est vrai), mais où les décisions sont prises à la pluralité des voix.

Les décisions du conseil de préfecture sont toujours susceptibles d'appel devant le conseil d'état, tandis que les décisions du préfet, même en conseil de préfecture, ne peuvent être soumises directement à la censure de ce suprême tribunal administratif, qu'autant qu'il y a, pour cela, une disposition législative expresse.

Sont pareillement nulles de plein droit toutes délibérations d'un conseil municipal prises hors de sa réunion légale. Le préfet, en conseil de préfecture, déclarera l'illégalité de l'assemblée et la nullité de ses actes.

Si la dissolution du conseil est prononcée, et si dans le nombre de ses actes il s'en trouve qui soient punissables d'après les lois pénales en vigueur, ceux des membres du conseil qui y auraient participé sciemment pourront être poursuivis.

Art. 30,

Si un conseil se mettait en correspondance avec un ou plusieurs autres conseils, ou publiait des proclamations ou adresses aux citoyens, il serait suspendu par le préfet, en attendant qu'il eût été statué par le roi.

Si la dissolution du conseil était prononcée, ceux qui auraient participé à ces actes pourront être poursuivis conformément aux lois pénales en vigueur.

Art. 31.

Lorsqu'en vertu de la dissolution prononcée par le roi un conseil aura été renouvelé en entier, le sort désignera, à la fin de la troisième année, les membres qui seront à remplacer.

CHAPITRE III.

Des Listes et des Assemblées des Électeurs communaux.

SECTION PREMIÈRE.

De la Formation des Listes.

ART. 32.

Le maire, assisté du percepteur et des commissaires répartiteurs, dressera la liste de tous les contribuables de la commune jouissant des droits civiques, et qualifiés, à raison de la quotité de leurs contributions, pour faire partie de l'assemblée communale, conformément à l'article 11 ci-dessus.

Les plus imposés seront inscrits sur cette liste dans l'ordre décroissant de la quotité de leurs contributions.

ART. 33.

Cette liste présentera la quotité des impôts de chacun de ceux qui y seront portés; elle énoncera le chiffre de la population de la commune, et sera affichée dans la commune, et communiquée, au secrétariat de la mairie, à tout requérant.

ART. 34.

Tout individu omis pourra, pendant un mois, à dater de l'affiche, présenter sa réclamation à la mairie.

Dans le même délai, tout électeur inscrit sur la liste pourra réclamer contre l'inscription de tout individu qu'il croirait indûment porté (1).

Art. 35.

Le maire prononcera dans le délai de huit jours, après avoir pris l'avis d'une commission de trois membres du conseil délégués à cet effet par le conseil municipal. Il notifiera dans le même délai sa décision aux parties intéressées (2).

---

(1) Il ressort évidemment de cet article que tout individu qui se croirait *indûment porté*, pourrait réclamer sa propre radiation.

(2) « Dans le cas de demande en inscription, formée par un con-
» tribuable non domicilié, ou par un habitant qui serait temporai-
» rement absent, on peut admettre l'intervention d'un fondé de
» pouvoir.

» L'action des tiers, qui s'exerce de la part des électeurs in-
» scrits (art. 34), est restreinte aux seules *radiations*. Ainsi, un
» tiers ne pourra réclamer une inscription.

» Si l'électeur, dont un tiers réclame la radiation, est sur les
» lieux, il convient de lui faire connaître la demande en radiation,
» pour qu'il puisse répondre avant l'expiration des huit jours,
» dans lesquels la décision doit être rendue. Si l'électeur, dont un
» tiers attaque l'inscription, est absent ou non domicilié, il serait
» à désirer que le maire lui fît connaître la demande en radiation,
» soit à sa résidence, soit chez son fermier, locataire ou corres-
» pondant habituel.

» Les décisions du maire doivent être motivées, et faire men-
» tion que la commission du conseil municipal a été entendue.

» L'art. 35 porte que ces décisions sont notifiées dans le même

Art. 36.

Toute partie qui se croirait fondée à contester une décision rendue par le maire dans la forme ci-dessus, peut en appeler dans le délai de quinze jours devant le préfet, qui, dans le délai d'un mois, prononcera en conseil de préfecture, et notifiera sa décision.

Art. 37.

Le maire, sur la notification de la décision intervenue, fera sur la liste la rectification prescrite.

Art. 38.

Le maire dressera la liste des électeurs appelés à voter dans l'assemblée de la commune en vertu du paragraphe 2 de l'article 11 ci-dessus, avec l'indication de la date des diplômes, inscriptions, domiciles, et autres conditions exigées par ce paragraphe.

» délai. Cette disposition ne peut s'entendre que des huit jours
» mentionnés dans la première partie de l'article, et dans lesquels
» le maire est tenu de statuer. Elle n'a pas pour effet d'accorder
» pour la *notification* un nouveau délai de huit jours en sus du
» premier. Le sens de l'article 35 est que, dans les huit jours
» après la réception d'une réclamation, la décision du maire doit
» *être rendue et notifiée.* » (Voy. Circulaire du 10 mai 1831.)
Les arrêtés motivés du préfet devront être notifiés au maire et aux parties intéressées; si ces derniers sont domiciliés dans la commune, c'est le maire qui devra notifier les arrêtés du préfet.

Art. 39.

Les dispositions des articles 33, 34, 35, 36 et 37, sont applicables aux listes des électeurs dressées en exécution de l'article précédent.

Art. 40.

L'opération de la confection des listes commencera, chaque année, le 1er janvier; elles seront publiées et affichées le 8 du même mois, et closes définitivement le 31 mars. Il ne sera plus fait de changement aux listes pendant tout le cours de l'année : en cas d'élections, tous les citoyens qui y seront portés auront droit de voter, excepté ceux qui auraient été privés de leurs droits civiques par un jugement.

Art. 41.

Les dispositions relatives à l'attribution des contributions contenues dans les lois concernant l'élection des députés sont applicables aux élections réglées par la présente loi.

Art. 42.

Les difficultés relatives, soit à cette attribution, soit à la jouissance des droits civiques ou civils et au domicile réel ou politique, seront portées devant le tribunal civil de l'arrondissement, qui statuera en dernier ressort, suivant les formes établies par l'article 18 de la loi du 2 juillet 1828.

SECTION II.

Des Assemblées des Électeurs communaux.

ART. 43.

L'assemblée des électeurs est convoquée par le préfet.

ART. 44.

Dans les communes qui ont deux mille cinq cents âmes et plus, les électeurs sont divisés en sections.

Le nombre des sections sera tel, que chacune d'elles ait au plus huit conseillers à nommer dans les communes de deux mille cinq cents à dix mille habitans ; six, dans celles de dix mille à trente mille ; et quatre, dans celles dont la population excède ce dernier nombre.

La division en sections se fera par quartiers voisins, et de manière à répartir également le nombre des votans, autant que faire se pourra, entre les sections.

Le nombre et la limite des sections seront fixés par une ordonnance du roi, le conseil municipal entendu.

Chaque section nommera un nombre égal de conseillers, à moins toutefois que le nombre des conseillers ne soit pas exactement divisible par celui des sections, auquel cas les premières sections, suivant l'ordre des numéros, nommeront un conseiller de

plus. Leur réunion aura lieu à cet effet successivement, à deux jours de distance.

L'ordre des numéros sera déterminé pour la première fois par la voie du sort, en assemblée publique
du conseil municipal. A chaque élection nouvelle,
la section qui avait le premier numéro dans l'élection précédente prendra le dernier, celle qui avait le
second prendra le premier, et ainsi de suite.

Les sections seront présidées, savoir : la première
à voter par le maire, et les autres successivement par
les adjoints dans l'ordre de leur nomination, et par
les conseillers municipaux dans l'ordre du tableau.
Les quatre scrutateurs sont les deux plus âgés et les
deux plus jeunes des électeurs présens sachant lire et
écrire; le bureau ainsi constitué, désigne le secrétaire (1).

ART. 45.

Dans les communes qui ont moins de deux mille
cinq cents ames, les électeurs se réuniront en une
seule assemblée. Toutefois, sur la proposition du conseil général du département, et le conseil municipal
entendu, les électeurs pourront être divisés en sec-

---

(1) Les fonctionnaires désignés dans cet article n'ont pas besoin,
pour exercer la présidence et les droits qui y sont attachés, d'être
électeurs municipaux. Mais peuvent-ils voter s'ils n'ont pas cette
qualité? une circulaire ministérielle du 11 août 1831 se prononce
pour la négative.

tions par un arrêté du préfet. Le même arrêté fixera le nombre et la limite des sections, et le nombre des conseillers qui devront être nommés par chacune d'elles.

Les dispositions du précédent article relatives à la constitution du bureau sont applicables aux assemblées électorales des communes qui ont moins de deux mille cinq cents ames.

Art. 46.

Lorsqu'en exécution de l'article 22 il y aura lieu à remplacer des conseillers municipaux dans les communes dont le corps électoral se divise en sections, ces remplacemens seront faits par les sections qui avaient élu ces conseillers.

Art. 47.

Aucun électeur ne pourra déposer son vote qu'après avoir prêté entre les mains du président serment de fidélité au roi des Français, d'obéissance à la Charte constitutionnelle et aux lois du royaume.

Art. 48.

Le président a seul la police des assemblées. Elles ne peuvent s'occuper d'autres objets que des élections qui leur sont attribuées. Toute discussion, toute délibération, leur sont interdites.

Art. 49.

Les assemblées des électeurs communaux procèdent

aux élections qui leur sont attribuées au scrutin de
liste. La majorité absolue des votes exprimés est nécessaire au premier tour de scrutin , la majorité relative suffit au second.

Les deux tours de scrutin peuvent avoir lieu le
même jour. Chaque scrutin doit rester ouvert pendant trois heures au moins. Trois membres du bureau au moins seront toujours présens.

ART. 5o.

Le bureau juge provisoirement les difficultés qui
s'élèvent sur les opérations de l'assemblée.

ART. 51.

Les procès-verbaux des assemblées des électeurs
communaux seront adressés par l'intermédiaire du
sous-préfet au préfet, avant l'installation des conseillers élus.

Si le préfet estime que les formes et conditions légalement prescrites n'ont pas été remplies, il devra
déférer le jugement de la nullité au conseil de préfecture dans le délai de quinze jours, à dater de la
réception du procès-verbal. Le conseil de préfecture
prononcera dans le délai d'un mois.

ART. 52.

Tout membre de l'assemblée aura également le
droit d'arguer les opérations de nullité. Dans ce cas,
si la réclamation n'a pas été consignée au procès-

verbal, elle devra être déposée dans le délai de cinq jours, à compter du jour de l'élection, au secrétariat de la mairie; il en sera donné récépissé, et elle sera jugée dans le délai d'un mois par le conseil de préfecture.

Si la réclamation est fondée sur l'incapacité légale d'un ou de plusieurs des membres élus, la question sera portée devant le tribunal d'arrondissement, qui statuera comme il est dit à l'article 42.

S'il n'y a pas eu de réclamations portées devant le conseil de préfecture, ou si ce conseil a négligé de prononcer dans les délais ci-dessus fixés, l'installation des conseillers élus aura lieu de plein droit. Dans tous les cas où l'annulation aura été prononcée, l'assemblée des électeurs devra être convoquée dans le délai de quinze jours, à partir de cette annulation (1).

L'ancien conseil restera en fonctions jusqu'à l'installation du nouveau.

---

(1) Si l'annulation ou la demande en annulation ne s'applique qu'aux opérations d'une seule section, et que les autres nominations soient régulières, on peut toujours procéder à l'installation des membres élus, mais alors il est nécessaire qu'ils forment les trois quarts de la totalité des membres du conseil.

(Circulaire ministérielle du 11 août 1831.)

4

CHAPITRE IV.

Dispositions transitoires.

ART. 53.

Toutes les opérations relatives à la confection des listes pour la première convocation des assemblées des électeurs devront être terminées dans le délai de six mois, à dater de la promulgation de la présente loi. La première nomination qui sera faite aura lieu intégralement pour chaque conseil municipal.

Lors de la deuxième élection, qui aura lieu trois ans après, le sort désignera ceux qui seront compris dans la moitié sortant.

Si la totalité du conseil municipal est en nombre impair, la fraction la plus forte sortira la première.

ART. 54.

L'exécution de la présente loi pourra être suspendue par le Gouvernement dans les communes où il le jugera nécessaire.

Cette suspension ne pourra durer plus d'un an, à partir de la promulgation de la présente loi.

CHAPITRE V.

Disposition générale.

ART. 55.

Il sera statué par une loi spéciale sur l'organisation municipale de la ville de Paris.

AUTORITÉ

DÉPARTEMENTALE ET MUNICIPALE DANS LE DÉPARTEMENT
DE LA SEINE.

M. le baron de Gérando, dans ses Institutes du droit administratif français, a fort bien fait remarquer que dans le département de la Seine l'autorité préfectorale présentait cette double anomalie, 1º d'être exercée par deux fonctionnaires ayant tous les deux titre de préfet, l'un s'appelant préfet de la Seine, l'autre préfet de police ;

2º D'avoir ses attributions grossies de presque toutes les attributions ordinairement conférées aux maires ; ainsi la gestion financière de la ville de Paris est à peu près exclusivement dévolue au préfet de la Seine, et la police municipale au préfet de police.

De là vient que dans les cérémonies publiques, le préfet de la Seine occupe la place qui d'ordinaire est réservée au maire dans les autres communes, celle de chef du corps municipal.

L'organisation du conseil général et des conseils d'arrondissement du département de la Seine, et l'organisation municipale de la ville de Paris ont été réglées par la loi du 20 avril 1834.

LOI

DU 20 AVRIL 1834,

SUR L'ORGANISATION DU CONSEIL GÉNÉRAL

ET DES CONSEILS D'ARRONDISSEMENT

De la Seine et l'organisation municipale de la ville de Paris.

Présentation à la Chambre des Députés le 8 décembre 1832 ; rapport par M. Benjamin Delessert, le 21 mars 1832 (*Mon.* du 22) ; reprise du projet le 9 janvier 1834 (*Mon.* du 10) ; discussion le 13 (*Mon.* du 14) ; adoption le 14 (*Mon.* du 15), à la majorité de 228 voix contre 58.

Présentation à la Chambre des Pairs le 22 janvier (*Mon.* du 23); rapport par M. Humblot-Conté, le 27 février (*Mon.* du 28) ; discussion le 3 mars (*Mon.* des 4 et 5) ; adoption le 5 (*Mon.* du 6) à la majorité de 73 voix contre 36.

Retour à la Chambre des Députés le 20 mars (*Mon.* du 21); discussion, adoption le 10 avril (*Mon.* du 11), à la majoité de 212 voix contre 44.

TITRE PREMIER.

Du conseil général du département de la Seine.

ARTICLE PREMIER.

Le conseil général du département de la Seine se compose de quarante-quatre membres.

Art. 2.

Les douze arrondissemens de la ville de Paris nomment chacun trois membres du conseil général du département, et les deux arrondissemens de Sceaux et de Saint-Denis chacun quatre. Les membres choisis par les arrondissemens de Paris sont pris parmi les éligibles ayant leur domicile réel à Paris.

Art. 3.

Les élections sont faites, dans chaque arrondissement, par des assemblées électorales convoquées par le préfet de la Seine.

Sont appelés à ces assemblées,

1o Tous les citoyens portés sur les listes électorales formées en vertu des dispositions de la loi du 19 avril 1831 ;

2o Les électeurs qui, ayant leur domicile réel à Paris, ne sont pas portés sur ces listes, parce qu'ils ont leur domicile politique dans un autre département où ils exercent et continueront d'exercer tous leurs droits d'électeurs, conformément aux lois existantes ;

3o Les officiers des armées de terre et de mer, en retraite, jouissant d'une pension de retraite de douze cents francs au moins, et ayant, depuis cinq ans, leur domicile réel dans le département de la Seine ;

4o Les membres des cours, ceux des tribunaux de première instance et de commerce siégeant à Paris ;

5° Les membres de l'Institut et autres sociétés savantes instituées par une loi ;

6° Les avocats aux conseils du roi et à la cour de cassation, les notaires et les avoués, après trois ans d'exercice de leurs fonctions dans le département de la Seine ;

7° Les docteurs et licenciés en droit inscrits depuis dix années non interrompues sur le tableau des avocats près les cours et les tribunaux dans le département de la Seine ;

8° Les professeurs au collége de France, au Museum d'histoire naturelle, à l'École polytechnique, et les docteurs et licenciés d'une ou de plusieurs des facultés de droit, de médecine, des sciences et des lettres, titulaires des chaires d'enseignement supérieur ou secondaire dans les écoles de l'État, situées dans le département de la Seine.

9° Les docteurs en médecine, après un exercice de dix années consécutives dans la ville de Paris, dûment constaté par le paiement ou par l'exemption régulière du droit de patente.

ART. 4.

Sont appliquées à la confection des listes les dispositions de la loi du 19 avril 1831 qui y sont relatives.

ART. 5.

Aucun scrutin n'est valable si la moitié plus un des électeurs inscrits n'a voté

Nul n'est élu s'il ne réunit la majorité absolue des suffrages exprimés.

Lorsqu'il y aura plusieurs membres du conseil général à élire, on procédera par scrutin de liste.

Après les deux premiers tours de scrutin, si l'élection n'est point faite, le bureau proclame les noms des candidats qui ont obtenu le plus de suffrages en nombre double de celui des membres à élire. Au troisième tour de scrutin, les suffrages ne pourront être valablement donnés qu'aux candidats ainsi proclamés.

Lorsque l'élection n'a pu être faite faute d'un nombre suffisant d'électeurs, ou est déclarée nulle pour quelque cause que ce soit, le préfet du département de la Seine assigne un jour, dans la quinzaine suivante, pour procéder de nouveau à l'élection.

ART. 6.

Les Colléges électoraux et leurs sections sont présidés par le maire, par ses adjoints suivant l'ordre de leur nomination, et par les conseillers municipaux de l'arrondissement ou de la commune où l'élection a lieu, suivant l'ordre de leur inscription au tableau.

Les quatre scrutateurs sont les deux plus âgés et les deux plus jeunes des électeurs présens ; le bureau, ainsi constitué, désigne le secrétaire.

L'élection a lieu par un seul collége dans chacun des arrondissemens de Sceaux et de Saint-Denis.

Art. 7.

La tenue des assemblées électorales a lieu conformément aux dispositions contenues dans les articles 41, 43, 46, 47, 48, 49, 50, 51, 52, 53, 56 et 58 de la loi du 19 avril 1831, et les articles 50 et 51 de la loi du 21 mars 1831.

TITRE II.

Des Conseils d'arrondissement du département de la Seine.

Art. 8.

Les conseillers d'arrondissement sont élus dans chacun des cantons des arrondissemens de Sceaux et de Saint-Denis, par des assemblées électorales composées des électeurs appartenant à chaque canton, et portés sur les listes, conformément aux dispositions des articles 3 et 4 de la présente loi (1).

Art. 9.

Il n'y aura point de conseil d'arrondissement pour la ville de Paris.

Art. 10.

Toutes dispositions de la loi du 22 juin 1833, sur

(1) Il avait été proposé à la Chambre des Pairs de comprendre dans l'énumération les professeurs de théologie. Cette proposition n'a point été adoptée.

l'organisation départementale, qui ne sont pas contraires aux dispositions précédentes, sont applicables au conseil général du département de la Seine et aux conseils des arrondissemens de Sceaux et de Saint-Denis.

TITRE III.

De l'Organisation municipale de la ville de Paris.

Art. 11.

Le corps municipal de Paris se compose du préfet du département de la Seine, du préfet de police, des maires, des adjoints et des conseillers élus par la ville de Paris.

Art. 12.

Il y a un maire et deux adjoints pour chacun des douze arrondissemens de Paris.

Ils sont choisis par le roi, pour chaque arrondissement, sur une liste de douze candidats nommés par les électeurs de l'arrondissement. Ils sont nommés pour trois ans, et toujours révocables.

Art. 13.

En exécution de l'article précédent, les électeurs qui ont concouru, à Paris, à la nomination des membres du conseil général, sont convoqués, tous les trois ans, pour procéder, par un scrutin de liste, à la désignation de douze citoyens réunissant les conditions d'éligibilité que la loi a déterminées pour les

membres du conseil général. Ces candidats sont indéfiniment rééligibles.

Pour que le scrutin soit valable, la majorité absolue des votes exprimés est nécessaire au premier
tour ; la majorité relative suffit au second tour de
scrutin.

Art. 14.

Le conseil municipal de la ville de Paris se compose des trente-six membres qui, en exécution des
articles 2 et 3, sont élus par les douze arrondissemens de Paris pour faire partie du conseil général du
département de la Seine.

Art. 15.

Le roi nomme, chaque année, parmi les membres
du conseil municipal, le président et le vice - président de ce conseil.

Le secrétaire est élu chaque année par les membres
du conseil et parmi eux.

Art. 16.

Le préfet de la Seine et le préfet de police peuvent assister aux séances du conseil municipal ; ils y
ont voix consultative.

Art. 17.

Le conseil municipal ne s'assemble que sur la convocation du préfet de la Seine. Il ne peut délibérer
que sur les questions que lui soumet le préfet, et

lorsque la majorité de ses membres assiste à la séance.

ART. 18.

Il y a chaque année une session ordinaire, qui est spécialement consacrée à la présentation et à la discussion du budget. Cette session ne peut durer plus de six semaines. L'époque de la convocation doit être notifiée à chaque membre du conseil un mois au moins à l'avance.

ART. 19.

Lorsqu'un membre du conseil a manqué à une session ordinaire et à trois convocations extraordinaires consécutives, sans excuses légitimes ou empêchemens admis par le conseil, il est déclaré démissionnaire par un arrêté du préfet, et il sera procédé à une élection nouvelle.

ART. 20.

Les membres du conseil municipal prêtent serment la première fois qu'ils prennent séance, s'ils ne l'ont déjà prêté en qualité de membres du conseil général.

ART. 21.

Les dispositions des articles 5, 6, 18, 19, 20, 21 de la loi du 21 mars 1831, relatifs aux incompatibilités, et l'article 11 de la loi du 22 juin 1833, relatif aux cas de vacance, sont applicables aux maires et adjoints et aux membres du conseil municipal de la ville de Paris.

Il en est de même des articles 27, 28, 29 et 30 de la loi du 21 mars 1831, relatifs à l'irrégularité des délibérations des conseils municipaux et à leur dis-solution.

ART. 22.

La présente loi sera mise à exécution avant le 1er janvier 1835.

On s'est borné, quant à présent, à statuer sur l'organisation des conseils généraux de département, des conseils d'arrondissement du département de la Seine et du conseil municipal de Paris. On s'est réservé de statuer plus tard sur les attributions qui sont res-tées généralement ce qu'elles étaient avant la révolution de juil-let 1830. M. le baron de Gérando a fort bien indiqué (tome Ier des *Institutes*, p. 157) la part de pouvoir qui a été faite aux deux pré-fets ; mais en ce qui concerne les maires de la capitale, il s'est contenté d'énoncer qu'il ne leur a été laissé qu'un petit nombre de fonctions spéciales (tome Ier, p. 191). Nous croyons qu'on trouvera ici avec plaisir l'énumération de ces attributions.

Attributions des maires à Paris.

Ces attributions sont relatives :

A l'état civil ; — à l'état politique; — à la garde

nationale ;— à l'instruction primaire ;— aux cultes ;
— au commerce ; — à l'exercice de l'art médical ;
— aux secours publics ; — aux sépultures ; — aux
importations d'armes ; — au recrutement ; — aux
contributions.

Les maires ont été saisis de ces attributions, soit
par des dispositions législatives, soit par des réglemens, soit en vertu de la délégation constamment
faite par le préfet de la Seine , de la partie *des
fonctions municipales susceptibles de s'exercer divi-
sément et qui mettent particulièrement l'administration municipale en rapport immédiat avec les citoyens.*

Ces attributions sont généralement si peu connues, qu'il est indispensable d'entrer dans leur
détail.

1° *Quant à l'état civil :*

Les maires sont chargés de tout ce qui concerne
la tenue et la conservation des registres de l'état civil ; — de la délivrance des expéditions des actes ; —
de la constatation des décès à domicile et dans les
hôpitaux.

2° *Quant à l'état politique,*

Ils sont chargés de la réception de la déclaration
de fixité de domicile de la part des étrangers ; —
de l'examen des demandes de lettres de naturalisa-
tion ; — de la transcription de ces lettres sur les

registres ; — de l'examen des demandes en réhabi-
litation ; — de la formation et de la révision des
listes électorales et du jury (*lois du 2 mai 1827, du
20 avril 1834*) ; — de préparer la formation des
états de recensement de la population.

3° *Quant à la garde nationale* ,

Ils concourent aux opérations du recensement, de
l'organisation et de la discipline de la garde nationale.

4° *Quant à l'instruction primaire,*

Ils exercent, par l'intermédiaire de dames inspec-
trices, une surveillance sur les écoles et les pension-
nats de demoiselles ; ils concourent à l'établissement,
hors les dépenses , et à la surveillance des écoles
élémentaires de garçons , ainsi qu'aux choix des instituteurs communaux ; — ils président , chacun
dans son arrondissement , le comité local chargé de
la surveillance de l'instruction primaire dans ledit
arrondissement ; — le plus ancien d'entre eux fait
partie du comité central pour toutes les écoles primaires de la ville ; — ils délivrent, sur l'attestation
de trois habitans notables , le certificat de moralité
exigé de tout individu qui veut exercer la profession
d'instituteur primaire (*Ordonnance royale du 8 novembre 1833 , art.* 1, 5 *et* 6).

5° *Quant aux Cultes* ,

Ils présentent des candidats pour le renouvellement

des fabriques ; — Ils sont consultés sur la position des
héritiers, à l'occasion des legs et donations en faveur
des fabriques.

6° *Quant au commerce,*

Ils concourent, par la présentation de candidats, à
la formation des listes de notables commerçans, pour
l'élection des juges au tribunal de commerce.

7° *Quant à l'exercice de l'art médical.*

Ils préparent les listes légales des personnes exer-
çant l'art de guérir.

8° *Quant aux secours publics,*

Ils président les bureaux de bienfaisance, chargés
de la distribution des secours à domicile, et par conséquent ils dirigent et surveillent la distribution de
tous ces secours (*ordonnances royales du 2 juillet 1816, et 29 avril 1831*); — Ils président la
commission de tutelle des orphelins de juillet (*ordonnance royale du 25 août 1831.*)

9° *Quant aux sépultures,*

Ils délivrent les concessions *temporaires* de terrain
dans les cimetières; — ils concourent à la surveillance du service de l'entreprise des inhumations; —
ils délivrent les dispenses de la taxe des inhumations
en faveur des indigens.

10° *Quant aux importations d'armes,*

Ils sont appelés à revêtir de leur *visa* les acquitsà-caution pour l'importation des armes fabriquées à l'étranger (*loi du 22 août* 1792).

11° *Quant au recrutement,*

Chaque année ils établissent les tableaux de recensément des conscrits; — ils reçoivent les déclarations d'exemption; — ils dressent les listes pour le tirage; — ils assistent au conseil de révision; — ils délivrent aux conscrits les ordres de départ; — ils donnent leur avis sur les demandes de congé des militaires; — ils reçoivent les engagemens volontaires pour l'armée; — ils délivrent des certificats de satisfaction à la loi de recrutement.

12° *Quant aux contributions,*

Ils reçoivent les réclamations présentées par les contribuables pour décharge ou réduction de contributions foncière, personnelle et mobilière, des portés et fenêtres et des patentes (*loi du 2 messidor an VII*); — ils tiennent registre des déclarations des contribuables, soit pour contributions personnelle et mobilière, soit pour celles des patentes; — ils communiquent aux propriétaires le résultat des évaluations foncières; — ils procèdent à la vérification des pertes par force majeure, pouvant donner lieu à des dégrèvemens (*Voir les lois du 25 mars 1817, 15 mai 1818, 26 mars 1831 et 21 avril 1832*).

LOI

DU 7 JUILLET 1833

sur l'expropriation pour cause d'utilité publique.

Présentation à la Chambre des Pairs le 29 avril 1833 (*Mon.* du 3o); rapport par M. Devaines, le 2 mai (*Mon.* du 3); discussion les 3, 4, 6, 7, 8, 9, 1o, 11, 13 (*Mon.* des 4, 5, 7, 8, 9, 1o, 12, 14); adoption le 14 (*Mon.* du 15), à la majorité de 87 voix contre 7.

Présentation à la Chambre des Députés le 21 mai 1833 (*Mon.* du 22); rapport par M. Martin du Nord le 29 (*Mon.* du 3o); discussion le 6 juin (*Mon.* du 7), adoption le 7 (*Mon.* du 8), à la majorité de 268 voix contre 4.

Retour à la chambre des pairs le 15 juin 1833 (*Mon.* du 16); rapport par M. Devaines, discussion, adoption le 2o (*Mon.* du 21), à la majorité de 97 voix contre 4.

TITRE PREMIER.

Dispositions préliminaires.

ARTICLE PREMIER.

L'expropriation pour cause d'utilité publique (1) s'opère par autorité de justice.

---

(1) L'expropriation ne s'applique qu'aux immeubles, mais elle

5

Art, 2.

Les tribunaux ne peuvent prononcer l'expropriation qu'autant que l'utilité en a été constatée et déclarée dans les formes prescrites par la présente loi.

Ces formes consistent :

1° Dans la loi ou l'ordonnance royale qui autorise l'exécution des travaux pour lesquels l'expropriation est requise ;

2° Dans l'acte du préfet qui désigne les localités
ou territoires sur lesquels les travaux doivent avoir
lieu, lorsque cette désignation ne résulte pas de la
loi ou de l'ordonnance royale;

3° Dans l'arrêté ultérieur par lequel le préfet détermine les propriétés particulières auxquelles l'expropriation est applicable.

s'applique indistinctement à ceux des nationaux et des étrangers,
des établissemens publics ou des simples particuliers. Un avis du
conseil d'état du 9 février 1808, approuvé par l'empereur, le
21 du même mois, et qui, par conséquent a force de loi, a décidé
que les biens et domaines nationaux sont, comme les propriétés
particulières, susceptibles d'être aliénés, en cas de besoin, pour
utilité publique, départementale ou communale, et qu'il suffit
pour l'aliénation d'une *estimation à dire d'experts* et d'un acte
du chef de l'état, c'est-à-dire, aujourd'hui une ordonnance du Roi,
tandis que d'ordinaire les propriétés de l'état ne peuvent être alié-
nées qu'aux enchères publiques, ou bien par une loi sur expertise
contradictoire. Le décret du 21 février 1808 est considéré comme
étant encore en vigueur, et le gouvernement en a fait récemment
l'application dans plusieurs circonstances.

Cette application ne peut être faite à aucune propriété particulière qu'après que les parties intéressées ont été mises en état d'y fournir leurs contredits, selon les règles exprimées au titre II.

ART. 3.

Tous grands travaux publics, routes royales, canaux, chemins de fer, canalisation de rivières, bassins et docks, entrepris par l'état ou par compagnies particulières, avec ou sans péage, avec ou sans subside du trésor, avec ou sans aliénation du domaine public, ne pourront être exécutés qu'en vertu d'une loi qui ne sera rendue qu'après une enquête administrative.

Une ordonnance royale suffira pour autoriser l'exécution des routes, des canaux et chemins de fer d'embranchement de moins de vingt mille mètres de longueur, des ponts et de tous autres travaux de moindre importance.

Cette ordonnance devra également être précédée d'une enquête (1).

---

(1) L'article 3 ne parle point des routes départementales ; ces routes ne peuvent être établies qu'en vertu d'une ordonnance royale, mais leur établissement est-il soumis à la formalité d'une enquête ? L'administration des ponts et chaussées, s'autorisant du silence de la loi du 7 juillet 1833, soutenait la négative.

A quoi bon, disait-elle, une enquête, lorsque les élus des diverses localités de la contrée ont voté après délibération l'ouverture

Ces enquêtes auront lieu dans les formes déterminées par un réglement d'administration publique (1).

TITRE II.
Des mesures d'administration relatives à l'expropriation.

ART. 4.

Les ingénieurs ou autres gens de l'art chargés de
l'exécution des travaux lèvent, pour la partie qui
s'étend sur chaque commune, le plan parcellaire des
terrains ou des édifices dont la cession leur paraît
nécessaire.

---

de la route ? n'est-ce pas là la meilleure enquête ? Mais le conseil
d'état, qui avait d'abord adopté cette opinion, ayant ensuite pensé
que l'ordonnance de classement devait être précédée d'une enquête,
les lenteurs de cette formalité ont porté un député (M. le comte
Jaubert); à proposer aux chambres dans la session de 1835 (séance
du 9 janvier 1035), un projet de loi, pour n'appliquer l'enquête
qu'au cas d'expropriation devenue nécessaire, et seulement sur
l'acte du préfet, désignant les localités sur lesquelles la route de-
vrait passer. Les chambres ont un peu modifié la proposition de
M. Jaubert qui est devenue la loi du 20 mars 1835 (a) mais en
statuant que le classement ne pouvait être fait sans enquête ; la loi
veut que cette formalité précède le vote du conseil général, on évite
de cette manière de livrer à la censure de tout venant le vote des
élus des départemens.

(1) Ce réglement est contenu dans une ordonnance royale du
18 février 1834, modifiée par une seconde ordonnance royale du
15 février 1835. (Voy. ci-après, p. 96.)

(a) Voir ci-après le texte de cette loi, p. 94.

ART. 5.

Le plan desdites propriétés particulières, indicatif des noms de chaque propriétaire, tels qu'ils sont inscrits sur la matrice des rôles, reste déposé, pendant huit jours au moins, à la mairie de la commune où les propriétés sont situées, afin que chacun puisse en prendre connaissance.

ART. 6.

Le délai fixé à l'article précédent ne court qu'à dater de l'avertissement qui est donné collectivement aux parties intéressées de prendre communication du plan déposé à la mairie.

Cet avertissement est publié à son de trompe ou de caisse, dans la commune, et affiché tant à la principale porte de l'église du lieu qu'à celle de la maison commune.

Il est, en outre, inséré dans l'un des journaux des chefs-lieux d'arrondissement et de département.

ART. 7.

Le maire certifie ces publications et affiches; il mentionne sur un procès-verbal qu'il ouvre à cet effet, et que les parties qui comparaissent sont requises de signer, les déclarations et réclamations qui lui ont été faites verbalement, et y annexe celles qui lui sont transmises par écrit.

Art. 8.

A l'expiration du délai de huitaine, prescrit par l'article 5, une commission se réunit au chef-lieu de la sous-préfecture.

Cette commission, présidée par le sous-préfet de l'arrondissement, sera composée de quatre membres du conseil général du département ou du conseil de l'arrondissement désignés par le préfet, du maire de la commune où les propriétés sont situées, et de l'un des ingénieurs chargés de l'exécution des travaux.

Les propriétaires qu'il s'agit d'exproprier ne peuvent être appelés à faire partie de la commission.

Art. 9.

La commission reçoit les observations des propriétaires.

Elle les appelle toutes les fois qu'elle le juge convenable.

Elle reçoit leurs moyens respectifs, et donne son avis.

Ses opérations doivent être terminées dans le délai d'un mois; après quoi le procès-verbal est adressé immédiatement par le sous-préfet au préfet.

Dans le cas où lesdites opérations n'auraient pas été mises à fin, dans le délai ci-dessus, le sous-préfet devra, dans les trois jours, transmettre au préfet son procès-verbal et les documens recueillis.

ART. 10.

Le procès-verbal et les pièces transmis par le sous-préfet, resteront déposés au secrétariat général de la préfecture pendant huitaine, à dater du jour du dépôt.

Les parties intéressées pourront en prendre communication sans déplacement et sans frais.

ART. 11.

Sur le vu du procès-verbal et des documens y annexés, le préfet détermine, par un arrêté motivé, les propriétés qui doivent être cédées, et indique l'époque à laquelle il sera nécessaire d'en prendre possession.

Toutefois, dans le cas où il résulterait de l'avis de la commission qu'il y aurait lieu de modifier le tracé des travaux ordonnés, le préfet surseoira jusqu'à ce qu'il ait été prononcé par l'administration supérieure.

La décision de l'administration supérieure sera définitive et sans recours au conseil-d'état.

ART. 12.

Les dispositions des articles 8, 9 et 10 ne sont point applicables aux cas où l'expropriation serait demandée par une commune, et dans un intérêt purement communal.

Dans ce cas, le procès-verbal prescrit par l'arti-

cle 7 est transmis, avec l'avis du conseil municipal,
par le maire au sous-préfet, qui l'adressera au préfet
avec ses observations.

Le préfet, en conseil de préfecture, sur le vu de
ce procès-verbal, et sauf l'approbation de l'administration supérieure, prononcera comme il est dit en
l'article précédent (1).

TITRE III.

*De l'Expropriation et de ses suites quant aux pri-
viléges, hypothèques et autres droits réels.*

ART. 13.

A défaut de conventions amiables avec les propriétaires des terrains ou bâtimens dont la cession est re-
connue nécessaire, le préfet transmet au procureur
du roi dans le ressort duquel les biens sont situés,
la loi ou l'ordonnance qui autorise l'exécution des
travaux, et l'arrêté du préfet mentionné en l'article 11.

ART. 14.

Dans les trois jours, et sur la production des pièces constatant que les formalités prescrites par l'article 2 du titre Ier, et par le titre II de la présente

(1) Voyez ce qui a été dit, dans la note sur l'article 1er, pour
l'application de l'expropriation pour cause d'utilité communale à
des propriétés du domaine de l'état.

loi, ont été remplies(1), le procureur du roi requiert
et le tribunal prononce l'expropriation pour cause
d'utilité publique des terrains ou bâtimens indiqués
dans l'arrêté du préfet.

Le même jugement commet un des membres du
tribunal pour remplir les fonctions attribuées par le
titre IV, chapitre II, au magistrat directeur du jury
chargé de fixer l'indemnité.

Art. 15.

Le jugement est publié et affiché, par extrait,
dans la commune de la situation des biens, de la
manière indiquée en l'article 6. Il est en outre inséré

----

(1) Gardiens du droit de propriété, les tribunaux doivent,
avant tout, vérifier si les formes que la loi a établies pour garantir
aux citoyens qu'on n'exigerait d'eux qu'un sacrifice nécessaire, ont
été remplies. Ainsi, par exemple, ils examineront s'il existe une
loi, une ordonnance royale ou un arrêté préfectoral qui autorise les
travaux, si le plan a été déposé pendant le délai voulu, si le maire
a certifié le dépôt de ce plan, s'il a reçu les réclamations des habitans, si la commission investie de l'examen de ces réclamations
s'est assemblée, enfin, si après toutes ces formalités remplies, le
préfet a pris un arrêté pour déterminer l'emplacement définitif des
ouvrages. Mais il n'est pas permis aux magistrats de porter leurs
investigations sur le fond même des actes, de révoquer en doute les
faits constatés, ni à plus forte raison d'examiner si les questions
soumises à l'administration auraient dû ou pu recevoir une autre
solution : ils ne pourraient le faire sans abus de pouvoir, sans em-
piéter sur le domaine de l'administration à qui seule peut appar-
tenir le contrôle, la réformation de ces actes. (Voy. les discussions
aux chambres.)

dans l'un des journaux de l'arrondissement et dans l'un de ceux du chef-lieu du département.

Cet extrait, contenant les noms des propriétaires, les motifs et le dispositif du jugement, leur est notifié au domicile qu'ils auront élu dans l'arrondissement de la situation des biens, par une déclaration faite à la mairie de la commune où les biens sont situés, dans le cas où cette élection de domicile n'aurait pas eu lieu, la notification de l'extrait sera faite en double copie au maire et au fermier, locataire, gardien ou régisseur de la propriété.

Toutes les autres notifications prescrites par la présente loi seront faites dans la forme ci-dessus indiquée.

ART. 16.

Le jugement sera immédiatement transcrit au bureau de la conservation des hypothèques de l'arrondissement, conformément à l'article 2181 du Code civil.

ART. 17.

Dans la quinzaine de la transcription, les privilèges et les hypothèques conventionnelles, judiciaires ou légales, antérieurs au jugement, seront inscrits.

A défaut d'inscription dans ce délai, l'immeuble exproprié sera affranchi de tous privilèges et de toutes hypothèques, de quelque nature qu'ils soient, sans préjudice du recours contre les maris, tuteurs ou autres administrateurs qui auraient dû requérir les inscriptions.

Les créanciers inscrits n'auront , dans aucun cas , la faulté de surenchérir ; mais ils pourront exiger que l'indemnité soit fixée conformément au titre IV.

Art. 18.

Les actions en résolution , en revendication , et toutes autres actions réelles , ne pourront arrêter l'expropriation , ni en empêcher l'effet. Le droit des réclamans sera transporté sur le prix, et l'immeuble en demeurera affranchi.

Art. 19.

Les règles posées aux deux articles qui précèdent sont applicables , dans le cas de conventions amia-bles , aux contrats passés entre l'administration et le propriétaire.

Art. 20.

Le jugement ne pourra être attaqué que par la voie du recours en cassation , et seulement pour in-compétence , excès de pouvoir ou vices de forme du jugement.

Le pourvoi aura lieu dans les trois jours, à dater de celui de la notification du jugement, par décla-ration au greffe du tribunal qui l'aura rendu.

Ce pourvoi sera notifié dans la huitaine , soit au préfet, soit à la partie, au domicile indiqué par l'article 15, et les pièces adressées dans la quinzaine à la chambre civile de la cour de cassation, qui statuera dans le mois suivant.

L'arrêt, s'il est rendu par défaut, à l'expiration de ce délai, ne sera pas susceptible d'opposition (1).

TITRE IV.

Du réglement des indemnités.

CHAPITRE PREMIER.

Mesures préparatoires.

ART. 21.

Dans la huitaine qui suit la notification prescrite par l'article 15, le propriétaire est tenu d'appeler et de faire connaître au magistrat directeur du jury les fermiers, locataires, ceux qui ont des droits d'usufruit, d'habitation ou d'usage, tels qu'ils sont réglés par le Code civil, et ceux qui peuvent réclamer des servitudes résultant des titres mêmes de propriété ou d'autres actes dans lesquels il sera intervenu ; sinon, il restera seul chargé envers eux des indemnités que ces derniers pourront réclamer.

---

(1) Par cet article, diverses modifications sont apportées au droit commun : 1° il limite les causes du pourvoi à l'incompétence, à l'excès de pouvoir et aux vices de forme; 2° le pouvoir est directement porté devant la section civile, sans qu'il ait été préalablement admis par la section des requêtes ; 3° les délais sont abrégés ; 4° l'arrêt par défaut est déclaré non susceptible d'opposition.

Les autres intéressés seront en demeure de faire valoir leurs droits par l'avertissement énoncé en l'article 6, et tenus de se faire connaître au magistrat directeur du jury, dans le même délai de huitaine, à défaut de quoi ils seront déchus de tous droits à l'indemnité.

ART. 22.

Les dispositions de la présente loi, relatives aux propriétaires et à leurs créanciers, sont applicables à l'usufruitier et à ses créanciers.

ART. 23.

L'administration notifie aux propriétaires, aux créanciers inscrits et à tous autres intéressés qui auront été désignés ou qui seront intervenus en vertu des articles 21 et 22, les sommes qu'elle offre pour indemnité.

ART. 24.

Dans la quinzaine suivante, les propriétaires et autres intéressés sont tenus de déclarer leur acceptation; ou, s'ils n'acceptent pas les offres qui leur sont faites, d'indiquer le montant de leurs prétentions.

ART. 25.

Les tuteurs, maris et autres personnes qui n'ont pas qualité pour aliéner un immeuble, peuvent valablement accepter les offres énoncées en l'article 23, lorsqu'ils s'y sont fait autoriser par le tribunal.

Cette autorisation peut être donnée sur simple mémoire en la chambre du conseil, le ministère public entendu.

Le tribunal ordonne les mesures de conservation ou de remploi que chaque cas peut nécessiter.

Art. 26.

S'il s'agit de biens appartenant à des départemens, à des communes ou à des établissemens publics, les préfets, maires ou administrateurs pourront valablement accepter les offres énoncées en l'article 23, s'ils y sont autorisés par délibération du conseil général de département, du conseil municipal ou du conseil d'administration, approuvée par le préfet en conseil de préfecture.

Art. 27.

Le délai de quinzaine, fixé par l'article 24, sera d'un mois dans les cas prévus par les articles 25 et 26.

Art. 28.

Si les offres de l'administration ne sont pas acceptées, ou si, nonobstant l'acceptation du propriétaire, les créanciers inscrits et autres intéressés déclarent, dans la quinzaine de la notification qui leur en est faite, qu'ils ne veulent pas se contenter de la somme convenue entre l'administration et le propriétaire, il sera procédé au réglement des indemnités indiquées au chapitre suivant:

CHAPITRE II.

Du Jury spécial chargé de régler les Indemnités (1).

ART. 29.

Dans sa session annuelle, le conseil général du département désigne, pour chaque arrondissement
de sous-préfecture, tant sur la liste des électeurs
que sur la seconde partie de la liste du jury, trente-
six personnes au moins, et soixante-douze au plus,
qui ont leur domicile réel dans l'arrondissement,
parmi lesquelles sont choisis, jusqu'à la session suivante ordinaire du conseil général, les membres du
jury spécial appelé, le cas échéant, à régler les indemnités dues par suite d'expropriation pour cause
d'utilité publique.

Le nombre des jurés désignés pour le département
de la Seine sera de six cents.

---

(1) C'est une règle fondamentale, en France, et qu'on ne saurait
trop rappeler que la liquidation des dettes de l'état appartient essen-
tiellement à l'autorité administrative. Cette attribution comprend
la reconnaissance, la vérification et le réglement de la créance,
l'application des déchéances et autres exceptions, enfin la fixation
du mode, des époques et des valeurs de paiement. C'est par excep-
tion, à ce principe, que l'autorité judiciaire et les jurys spéciaux
ont été, dans certains cas, investis du pouvoir de régler la quotité
de créances sur l'état (car la détermination du montant de l'indemnité n'est autre chose). Aussi ce pouvoir dût être rigoureusement
borné aux cas pour lesquels il a été accordé.

Art. 30.

Toutes les fois qu'il y a lieu de recourir à un jury
spécial, la cour royale, dans les départemens qui
sont le siége d'une cour royale, et dans les autres
départemens le tribunal du chef-lieu judiciaire du
département (toutes les chambres réunies en chambre du conseil), choisit sur la liste dressée en vertu
de l'article précédent seize personnes, pour former
le jury spécial chargé de fixer définitivement le
montant de l'indemnité.

La cour ou le tribunal choisit en outre et en même
temps quatre jurés supplémentaires.

Ne peuvent être choisis :

1° Les propriétaires, fermiers, locataires des terrains et bâtimens désignés dans l'arrêté du préfet
pris en vertu de l'article 11 et qui restent à acqué-
rir ;

2° Les créanciers ayant inscription sur lesdits immeubles;

3° Tous autres intéressés désignés ou intervenans
en vertu des articles 21 et 22.

Les septuagénaires seront dispensés s'ils le requièrent, des fonctions de juré.

Art. 31.

La liste des seize jurés, et des quatre jurés supplémentaires, est transmise par le préfet au sous-
préfet, qui, après s'être concerté avec le magistrat

directeur du jury, convoque les jurés et les parties
en leur indiquant, au moins huit jours à l'avance, le
lieu et le jour de la réunion. La notification aux parties leur fait connaitre les noms des jurés.

ART. 32.

Tout juré qui, sans motifs légitimes, manque à
l'une des séances ou refuse de prendre part à la délibération, encourt une amende de 100 fr. au moins
et de 300 fr. au plus.

L'amende est prononcée par le magistrat directeur
du jury.

Il statue en dernier ressort sur l'opposition qui serait formée par le juré condamné.

Il prononce également sur les causes d'empêchement que les jurés proposent, ainsi que sur les exclusions ou incompatibilités dont les causes ne seraient
survenues ou n'auraient été connues que posté-
rieurement à la désignation faite en vertu de l'article 30.

ART. 33.

Ceux des jurés qui se trouvent rayés de la liste par
suite des empêchemens, exclusions ou incompatibilités prévus à l'article précédent, sont immédiatement
remplacés par les jurés supplémentaires, que le magistrat directeur du jury appelle dans l'ordre de
leur inscription.

En cas d'insuffisance, le tribunal de l'arrondissement choisit, sur la liste dressée en vertu de l'article 29, les personnes nécessaires pour compléter le nombre des seize jurés.

ART. 34.

Le magistrat directeur du jury est assisté, auprès du jury spécial, du greffier ou commis-greffier du tribunal, qui appelle successivement les causes sur lesquelles le jury doit statuer, et tient procès-verbal des opérations.

Lors de l'appel, l'administration a le droit d'exercer deux récusations péremptoires; la partie adverse a le même droit.

Dans le cas où plusieurs intéressés figurent dans la même affaire, ils s'entendent pour l'exercice du droit de récusation, sinon le sort désigne ceux qui doivent en user.

Si le droit de récusation n'est point exercé, ou s'il ne l'est que partiellement, le magistrat directeur du jury procède à la réduction des jurés au nombre de douze, en retranchant les derniers noms inscrits sur la liste.

ART. 35.

Le jury spécial n'est constitué que lorsque les douze jurés sont présens.

Les jurés ne peuvent délibérer valablement qu'au nombre de neuf au moins.

Art. 36.

Lorsque le jury est constitué, chaque juré prête serment de remplir ses fonctions avec impartialité.

Art. 37.

Le magistrat directeur met sous les yeux du jury :

1° Le tableau des offres et demandes notifiées en exécution des articles 23 et 24 ;

2° Les plans parcellaires, et les titres ou autres documens produits par les parties à l'appui de leurs offres et demandes.

Les parties, ou leurs fondés de pouvoir, peuvent présenter sommairement leurs observations.

Le jury pourra entendre toutes les personnes qu'il croira pouvoir l'éclairer.

Il pourra également se transporter sur les lieux, où déléguer à cet effet un ou plusieurs de ses membres.

La discussion est publique ; elle peut être continuée à une autre séance.

Art. 38.

La clôture de l'instruction est prononcée par le magistrat directeur du jury.

Les jurés se retirent immédiatement dans leur chambre pour délibérer, sans désemparer, sous la présidence de l'un d'eux, qu'ils désignent à l'instant même.

La décision du jury fixe le montant de l'indemnité; elle est prise à la majorité des voix.

En cas de partage, la voix du président du jury est prépondérante.

ART. 39.

Le jury prononce des indemnités distinctes en faveur des parties qui les réclament à des titres différens, comme propriétaires, fermiers, locataires, usagers, autres que ceux dont il est parlé au premier paragraphe de l'article 21, etc.

Dans le cas d'usufruit, une seule indemnité est fixée par le jury, eu égard à la valeur totale de l'immeuble; le nu-propriétaire et l'usufruitier exercent leurs droits sur le montant de l'indemnité au lieu de l'exercer sur la chose.

L'usufruitier sera tenu de donner caution; les père et mère ayant l'usufruit légal des biens de leurs enfans en seront seuls dispensés.

Lorsqu'il y a litige sur le fond du droit ou la qualité des réclamans, et toutes les fois qu'il s'élève des difficultés étrangères à la fixation du montant de l'indemnité, le jury règle l'indemnité indépendamment de ces difficultés, sur lesquelles les parties sont renvoyées à se pourvoir devant qui de droit.

ART. 40.

Si l'indemnité réglée par le jury est inférieure ou égale à l'offre faite par l'administration, les parties qui l'auront refusée seront condamnées aux dépens.

Si l'indemnité est égale ou supérieure à la demande des parties, l'administration sera condamnée aux dépens.

Si l'indemnité est à la fois supérieure à l'offre de l'administration et inférieure à la demande des parties, les dépens seront compensés de manière à être supportés par les parties et l'administration, dans les proportions de leur offre ou de leur demande avec la décision du jury.

Tout indemnitaire qui ne se trouvera pas dans le cas des articles 25 et 26, sera condamné aux dépens, quelle que soit l'estimation ultérieure du jury, s'il a omis de se conformer aux dispositions de l'article 24.

Art. 41.

La décision du jury, signée des membres qui y ont concouru, est remise par le président au magistrat directeur, qui la déclare exécutoire, statue sur les dépens, et envoie l'administration en possession de la propriété, à la charge par elle de se conformer aux dispositions des art. 53 et 54 suivans.

Ce magistrat taxe les dépens.

Un réglement d'administration publique, qui sera publié avant la mise à exécution de la présente loi, déterminera le tarif des dépens (1).

---

(1) Voyez ci-après p. 103, l'ordonnance du 18 septembre 1833.

La taxe ne comprendra que les actes faits posté-
rieurement à l'offre de l'administration ; les frais des
actes antérieurs demeurent, dans tous les cas, à la
charge de l'administration.

Art. 42.

La décision du jury ne peut être attaquée que par
la voie du recours en cassation et seulement pour vio-
lation du premier paragraphe de l'article 30 et des
articles 31, 35, 36, 37, 38, 39 et 40.

Le délai sera de quinze jours pour ce recours, qui
sera d'ailleurs formé, notifié et jugé comme il est dit
en l'article 20 ; il courra à partir du jour de la décision.

Art. 43.

Lorsqu'une décision du jury aura été cassée, l'affaire sera renvoyée devant un nouveau jury, choisi
dans le même arrondissement.

Il sera procédé à cet effet conformément à l'article 30.

Art. 44.

Le jury ne connaît que des affaires dont il a été
saisi au moment de sa convocation, et statue successivement et sans interruption sur chacune de ces
affaires. Il ne peut se séparer qu'après avoir réglé
toutes les indemnités dont la fixation lui a été ainsi
déférée.

Art. 45.

Les opérations commencées par un jury, et qui ne

sont pas encore terminées au moment du renouvellement annuel de la liste générale mentionnée en l'article 29, sont continuées, jusqu'à conclusion définitive, par le même jury.

ART. 46.

Après la clôture des opérations du jury, les mi-
nutes de ses décisions et les autres pièces qui se rat-
tachent auxdites opérations sont déposées au greffe
du tribunal civil de l'arrondissement.

ART. 47.

Les noms des jurés qui auront fait le service d'une
session ne pourront être portés sur le tableau dressé
par le conseil général pour l'année suivante.

CHAPITRE III.

Des Règles à suivre pour la fixation des Indemnités.

ART. 48.

Le jury est juge de la sincérité des titres et de
l'effet des actes qui seraient de nature à modifier l'é-
valuation de l'indemnité.

ART. 49.

Dans le cas où l'administration contesterait au dé-
tenteur exproprié le droit à une indemnité , le
jury, sans s'arrêter à la contestation, dont il renvoie
le jugement devant qui de droit, fixe l'indemnité

comme si elle était due, et le magistrat directeur du
jury en ordonne la consignation, pour ladite indemnité rester déposée jusqu'à ce que les parties se soient
entendues, ou que le litige soit vidé.

ART. 5o.

Les maisons et bâtimens dont il est nécessaire d'ac-
quérir une portion pour cause d'utilité publique,
seront achetés en entier, si les propriétaires le requièrent par une déclaration formelle adressée au
magistrat directeur du jury, dans le délai énoncé en
l'article 24.

Il en sera de même de toute parcelle de terrain qui,
par suite du morcellement, se trouvera réduite au
quart de la contenance totale, si toutefois le propriétaire ne possède aucun terrain immédiatement con-
tigu, et si la parcelle, ainsi réduite, est inférieure à
dix ares.

ART. 5i.

Si l'exécution des travaux doit procurer une augmentation de valeur immédiate et spéciale au res-
tant de la propriété, cette augmentation pourra être
prise en considération dans l'évaluation de l'indemnité.

ART. 52.

Les constructions, plantations et améliorations ne
donneront lieu à aucune indemnité, lorsque, à
raison de l'époque où elles auront été faites ou de

toutes autres circonstances , dont l'appréciation lui est abandonnée, le jury acquiert la conviction qu'elles ont été faites dans la vue d'obtenir une indemnité plus élevée.

TITRE V.

Du paiement des Indemnités.

ART. 53.

Les indemnités réglées par le jury seront , préalablement à la prise de possession , acquittées entre les mains des ayans-droit.

S'ils se refusent à les recevoir , la prise de possession aura lieu après offres réelles et consignation.

ART. 54.

Il ne sera pas fait d'offres réelles toutes les fois qu'il existera des inscriptions sur l'immeuble exproprié, ou d'autres obstacles au versement des deniers entre les mains des ayans-droits ; dans ce cas, il suffira que les sommes dues par l'administration soient consignées , pour être ultérieurement distribuées ou remises, selon les règles du droit commun.

ART. 55.

Si, dans les six mois du jugement d'expropriation, l'administration ne poursuit pas la fixation de l'indemnité , les parties pourront exiger qu'il soit procédé à ladite fixation.

Quand l'indemnité aura été réglée, si elle n'est ni acquittée ni consignée dans les six mois, les intérêts courront de plein droit à l'expiration de ce délai, à titre de dédommagement.

TITRE VI.

Dispositions diverses.

ART. 56.

Les contrats de vente, quittances et autres actes relatifs à l'acquisition des terrains, peuvent être passés dans la forme des actes administratifs ; la minute restera déposée au secrétariat de la préfecture ; expédition en sera transmise à l'administration des domaines.

ART. 57.

Les significations et notifications mentionnées en la présente loi sont faites à la diligence du préfet du département de la situation des biens.

Elles peuvent être faites tant par huissier que par tout agent de l'administration dont les procès-verbaux font foi en justice.

ART. 58.

Les plans, procès-verbaux, certificats, significations, jugemens, contrats, quittances et autres actes faits en vertu de la présente loi, seront visés pour timbre et enregistrés *gratis*, lorsqu'il y aura lieu à la formalité de l'enregistrement.

Art. 59.

Lorsqu'un propriétaire aura accepté les offres de l'administration, le montant de l'indemnité devra , s'il l'exige et s'il n'y a pas eu contestation de la part des tiers, dans le délai prescrit par l'article 28, être versé à la caisse des dépôts et consignations, pour être remis ou distribué à qui de droit, selon les règles du droit commun.

Art. 60.

Si des terrains acquis pour des travaux d'utilité publique ne reçoivent pas cette destination , les anciens propriétaires ou leurs ayans-droit peuvent en demander la remise.

Le prix des terrains rétrocédés est fixé à l'amiable, et s'il n'y a pas accord , par le jury, dans les formes ci-dessus prescrites. La fixation par le jury ne peut, en aucun cas, excéder la somme moyennant laquelle l'état est devenu propriétaire desdits terrains (1).

Art. 61.

Un avis, publié de la manière indiquée en l'article 6 , fait connaître les terrains que l'administration est dans le cas de revendre. Dans les trois mois de cette publication , les anciens propriétaires qui

---

(1) Voyez ci-après l'ordonnance du 22 mars 1835 sur les formalités à suivre pour la rétrocession des terrains acquis pour des travaux publics et non employés, p. 115.

veulent réacquérir la propriété desdits terrains sont
tenus de le déclarer; et , dans trois mois de la fixation du prix , soit amiable , soit judiciaire , ils doivent passer le contrat de rachat et payer le prix : le
tout à peine de déchéance du privilége que leur ac-
corde l'article précédent.

Art. 62.

Les dispositions des articles 60 et 61 ne sont pas
applicables aux terrains qui auront été acquis sur la
réquisition du propriétaire, en vertu de l'article 50,
et qui resteraient disponibles après l'exécution des
travaux.

Art. 63.

Les concessionnaires des travaux publics exerceront tous les droits conférés à l'administration , et
seront soumis à toutes les obligations qui lui sont
imposées dans la présente loi.

Art. 64.

Les contributions de la portion d'immeuble qu'un
propriétaire aura cédée , ou dont il aura été exproprié pour cause d'utilité publique , continueront à
lui être comptées pendant un an , à partir de la remise de la propriété,pour former son cens électoral.

TITRE VII.
Dispositions exceptionnelles.

Art 65.

Les formalités prescrites par les titres I et II de la

présente loi, ne sont applicables ni aux travaux militaires ni aux travaux de la marine royale.

Pour ces travaux, une ordonnance royale détermine les terrains qui sont soumis à l'expropriation.

ART. 66.

L'expropriation ou l'occupation temporaire, en cas d'urgence, des propriétés privées qui seront jugées nécessaires pour des travaux de fortification, continueront d'avoir lieu conformément aux dispositions par la loi du 30 mars 1831 (1).

Toutefois, lorsque les propriétaires ou autres intéressés, n'auront pas accepté les offres de l'administration, le réglement définitif des indemnités aura lieu conformément aux dispositions du titre IV ci-dessus.

Seront également applicables aux expropriations poursuivies en vertu de la loi du 30 mars 1831 les articles 16, 17, 18 et 20, ainsi que le titre VI de la présente loi.

TITRE VIII.

Dispositions finales.

ART. 67.

La loi du 8 mars 1810 est abrogée.

Les dispositions de la présente loi seront appli-

---

(1) Voyez cette loi ci-après p. 117.

quées dans tous les cas où les lois se réfèrent à celle
du 8 mars 1810.

ART. 68.

La présente loi sera obligatoire, à dater de la
première convocation générale des conseils généraux
du département qui suivra sa promulgation.

Les instances en réglement d'indemnités dont les
tribunaux se trouveront saisis à l'époque de cette
première convocation, seront jugées d'après les lois
en vigueur au moment où l'instance aura été intro-
duite.

Néanmoins, avant le jugement, les parties auront
la faculté de demander que l'indemnité soit fixée
conformément à la présente loi ; à la charge par le
demandeur d'acquitter les frais de l'instance faits an-
térieurement.

LOI

DU 20 MARS 1835

*Portant qu'aucune route ne pourra être classée au
nombre des routes départementales, sans que le
vote du conseil général ait été précédé d'une enquête.*

Proposition de M. le comte Jaubert le 8 janvier
(*Mon.* du 9); développement, prise en considération
le 9 (*Mon.* du 10); rapport par M. Dusseré le 27

(*Mon.* du 28); discussion, adoption le 27 (*Mon.* du 28); à la majorité de 104 voix contre 7.

Retour à la Chambre des Députés le 28 février (*Mon.* du 1er mars); rapport par M. Dusseré le 4 mars (*Mon.* du 5); adoption le 5 (*Mon.* du 6), à la majorité de 244 voix contre 9.

Art. premier.

A l'avenir, aucune route ne pourra être classée au nombre des routes départementales sans que le vote du conseil général ait été précédé de l'enquête prescrite par l'art. 3 de la loi du 7 juillet 1833.

Cette enquête sera faite par l'administration, ou d'office, ou sur la demande du conseil général.

Art. 2.

Les votes émis jusqu'à la promulgation de la présente loi, quoiqu'ils n'aient pas été précédés de la susdite enquête, pourront être approuvés par ordonnance du roi, suivant les formes prescrites par le décret du 16 décembre 1811.

Art. 3.

Les dispositions qui précèdent auront lieu, sans préjudice des mesures d'administration prescrites par le titre II de la loi du 7 juillet 1833, et relatives à l'expropriation.

ORDONNANCE DU ROI

DU 18 FÉVRIER 1834,

*Portant Réglement sur les Formalités des Enquêtes
relatives aux Travaux publics.*

LOUIS-PHILIPPE, Roi des Français, à tous présens et à venir, salut.

Sur le rapport de notre ministre secrétaire d'État au département du commerce et des travaux publics;

Vu l'article 3 de la loi du 7 juillet 1833, ledit article ainsi conçu :

« Tous grands travaux publics, routes royales, canaux, chemins de fer, canalisation de rivière, bassins et docks, entrepris par l'état ou par compagnies particulières, avec ou sans péage, avec ou sans subside du Trésor, avec ou sans aliénation du domaine public, ne pourront être exécutés qu'en vertu d'une loi, qui ne sera rendue qu'après une enquête administrative.

» Une ordonnance royale suffira pour autoriser l'exécution des routes, des canaux et chemins de fer d'embranchement de moins de vingt mille mètres de longueur, des ponts et de tous autres travaux de moindre importance.

» Cette ordonnance devra également être précédée d'une enquête.

» Ces enquêtes auront lieu dans les formes déterminées par un réglement d'administration publique , »

Vu l'ordonnance réglémentaire du 28 février 1831,
Notre conseil d'État entendu,

Nous avons ordonné et ordonnons ce qui suit :

TITRE PREMIER.

*Formalités des Enquêtes relatives aux Travaux pu-
blics qui ne peuvent être exécutés qu'en vertu d'une
loi.*

Art. premier.

Les entreprises de travaux publics qui , aux termes du premier paragraphe de l'art. 3 de la loi du
7 juillet 1833, ne peuvent être exécutées qu'en vertu
d'une loi, seront soumises à une enquête préalable
dans les formes ci-après déterminées.

Art. 2.

L'enquête pourra s'ouvrir sur un avant-projet où
l'on fera connaître le tracé général de la ligne des
travaux, les dispositions principales des ouvrages
les plus importans, et l'appréciation sommaire des
dépenses.

S'il s'agit d'un canal, d'un chemin de fer ou d'une
canalisation de rivière, l'avant-projet sera nécessai-
rement accompagné d'un nivellement en longueur et
d'un certain nombre de profils transversaux ; et si le

7

canal est à point de partage, on indiquera les eaux
qui doivent l'alimenter.

ART. 3.

A l'avant-projet sera joint, dans tous les cas, un
Mémoire descriptif indiquant le but de l'entreprise
et les avantages qu'on peut s'en promettre; on n'y
annexera le tarif des droits, dont le produit serait
destiné à couvrir les frais des travaux projetés, si ces
travaux devaient devenir la matière d'une conces-
sion.

ART. 4.

Il sera formé, au chef-lieu de chacun des départemens que la ligne des travaux devra traverser, une
commission de neuf membres au moins et de treize
au plus, pris parmi les principaux propriétaires de
terres, de bois, de mines, les négocians, les arma-
teurs et les chefs d'établissemens industriels.

Les membres et le président de cette commission
seront désignés par le préfet dès l'ouverture de l'enquête.

ART. 5.

Des registres destinés à recevoir les observations
auxquelles pourra donner lieu l'entreprise projetée,
seront ouverts pendant un mois au moins et quatre
mois au plus, au chef-lieu de chacun des départemens et des arrondissemens que la ligne des travaux
devra traverser.

Les pièces qui, aux termes des articles 2 et 3, doivent servir de base à l'enquête, resteront déposées pendant le même temps et aux mêmes lieux.

La durée de l'ouverture des registres sera déterminée dans chaque cas particulier par l'administration supérieure.

Cette durée, ainsi que l'objet de l'enquête, seront annoncés par des affiches.

Art. 6.

A l'expiration du délai qui sera fixé en vertu de l'article précédent, la commission, mentionnée à l'article 4, se réunira sur-le-champ : elle examinera les déclarations consignées aux registres de l'enquête; elle entendra les ingénieurs des ponts et chaussées et des mines employés dans le département ; et, après avoir recueilli auprès de toutes les personnes qu'elle jugerait utile de consulter les renseignemens dont elle croira avoir besoin, elle donnera son avis motivé, tant sur l'utilité de l'entreprise que sur les diverses questions qui auront été posées par l'administration.

Ces diverses opérations, dont elle dressera procès-verbal, devront être terminées dans un nouveau délai d'un mois.

Art. 7.

Le procès-verbal de la commission d'enquête sera

clos immédiatement ; le président de la commission
le transmettra sans délai, avec les registres et les autres pièces, au préfet, qui l'adressera avec son avis
à l'administration supérieure , dans les quinze jours
qui suivront la clôture du procès-verbal.

ART. 8.

Les chambres de commerce , et au besoin les
chambres consultatives des arts et manufactures des
villes intéressées à l'exécution des travaux, seront
appelées à délibérer et à exprimer leur opinion sur
l'utilité et la convenance de l'opération.

Les procès-verbaux de leurs délibérations devront
être remis au préfet avant l'expiration du délai fixé
dans l'article 6.

TITRE II.

*Formalités des Enquêtes relatives aux Travaux pu-
blics qui peuvent être autorisés par une ordonnance
royale.*

ART. 9.

Les formalités prescrites par les articles 2 , 3 , 4 ,
5, 6 , 7 et 8, seront également appliquées , sauf les
modifications ci-après, aux travaux qui, aux termes
du second paragraphe de l'article 3 de la loi du
7 juillet 1833, peuvent être autorisés par une ordonnance royale.

ART. 10.

Si la ligne des travaux n'excède pas les limites de

l'arrrondissement dans lequel ils sont situés, le délai de l'ouverture des registres et du dépôt des pièces sera fixé au plus à un mois et demi, et au moins à vingt jours.

La commission d'enquête se réunira au chef-lieu de l'arrondissement, et le nombre de ses membres variera de cinq à sept.

TITRE III.

Disposition transitoire.

ART 11.

Les dispositions ci-dessus prescrites ne sont pas applicables aux entreprises de travaux publics pour lesquels une instruction et des enquêtes spéciales auraient été commencées avant la publication de la présente ordonnance, et conformément aux ordonnances et réglemens antérieurs.

ART. 12.

Notre ministre secrétaire d'état du commerce et des travaux publics est chargé de l'exécution de la présente ordonnance, qui sera insérée au Bulletin des Lois (1).

_____

(1) Cette ordonnance a été modifiée par la suivante, du 15 février 1835.

ORDONNANCE DU ROI
DU 15 FÉVRIER 1835

Qui modifie celle du 18 février 1834, relative aux entreprises d'utilité publique.

LOUIS-PHILIPPE, Roi des Français, à tous présens et à venir, salut.

Vu les articles 1, 2 et 3 de notre ordonnance du 18 février 1834, relative aux enquêtes qui doivent précéder les entreprises d'utilité publique;

Sur le rapport de notre ministre secrétaire d'état au département de l'intérieur;

Notre conseil d'état entendu,

Nous avons ordonné et ordonnons ce qui suit :

Art. premier.

Lorsque la ligne des travaux relatifs à une entreprise d'utilité publique devra s'étendre sur le territoire de plus de deux départemens, les pièces de l'avant-projet qui serviront de base à l'enquête ne seront déposées qu'au chef-lieu de chacun des départemens traversés.

Des registres continueront d'être ouverts, conformément au premier paragraphe de l'article 5 de notre ordonnance du 18 février 1834, tant aux chefs-lieux de département qu'aux chefs-lieux d'arrondissement, pour recevoir les observations auxquelles pourra donner lieu l'entreprise projetée.

Art. 2.

Nos ministres, etc.

ORDONNANCE DU ROI

DU 18 SEPTEMBRE 1835.

Contenant le tarif des frais et dépens pour tous les actes qui seront faits en vertu de la loi du 7 juillet 1833, sur l'expropriation pour cause d'utilité publique.

LOUIS-PHILIPPE, ROI DES FRANÇAIS, à tous présens et à venir, SALUT.

CHAPITRE PREMIER.

Des Huissiers.

ARTICLE PREMIER.

Il sera alloué à tous huissiers un franc pour l'original,

1° De la notification de l'extrait du jugement d'expropriation aux personnes désignées dans les articles 15 et 22 de la loi du 7 juillet 1833 ;

2° De la signification de l'arrêt de la cour de cassation (articles 20 et 42 de ladite loi) ;

3° De la dénonciation de l'extrait du jugement d'expropriation aux ayant-droit mentionnés aux articles 21 et 22 ;

4° De la notification de l'arrêté du préfet, qui fixe la somme offerte pour indemnités (article 23) ;

5° De l'acte contenant acceptation des offres faites

par l'administration, avec signification, s'il y a lieu, des autorisations requises (articles 24, 25 et 26);

6° De l'acte portant convocation des jurés et des parties, avec notification aux parties d'une expédition de l'arrêt par lequel la cour royale a formé la liste du jury (articles 31 et 33);

7° De la notification au juré défaillant de l'ordonnance du directeur du jury, qui l'a condamné à l'amende (article 32);

8° De la notification de la décision du jury, revêtue de l'ordonnance d'exécution (article 41);

9° De la sommation d'assister à la consignation dans le cas où il n'y aura pas eu d'offres réelles (article 54);

10° De la sommation au préfet pour qu'il soit procédé à la fixation de l'indemnité (article 55);

11° De l'acte contenant réquisition par le propriétaire de la consignation des sommes offertes, dans le cas où cette réquisition n'a pas été faite par l'acte même d'acceptation (article 59);

12° Et généralement de tous actes simples auxquels pourra donner lieu l'expropriation.

ART. 2.

Il sera alloué à tous huissiers un franc cinquante centimes pour l'original,

1° De la notification du pourvoi en cassation formé soit contre le jugement d'expropriation, soit contre la décision du jury (articles 20 et 42);

2° De la dénonciation, faite au directeur du jury par le propriétaire ou l'usufruitier, des noms et qualités des ayant-droit mentionnés au § 1er de l'article 21 de la loi précitée (articles 21 et 22);

3° De l'acte par lequel les parties intéressées font connaître leurs réclamations (art. 18, 21, 39, 52 et 54);

4° De l'acte d'acceptation des offres de l'administration avec réquisition de consignation (articles 24 et 59);

5° De l'acte par lequel la partie qui refuse les offres de l'administration, indique le montant de ses prétentions (articles 17, 24, 28 et 53);

6° De l'opposition formée par un juré à l'ordonnance du magistrat directeur du jury, qui l'a condamné à l'amende (article 32);

7° De la réquisition du propriétaire tendant à l'acquisition de la totalité de son immeuble (article 50);

8° De la demande à fin de retrocession des terrains non employés à des travaux d'utilité publique (articles 60 et 61);

9° De la demande tendant à ce que l'indemnité d'une expropriation déjà commencée soit réglée conformément à la loi du 7 juillet 1833 (article 68);

10° Enfin, de tous actes qui, par leur nature, pourront être assimilés à ceux dont l'énumération précède.

Art. 3.

Il sera alloué à tous huissiers pour l'original,

1° Du procès-verbal d'offres réelles, contenant le refus ou l'acceptation des ayant-droit et sommation d'assister à la consignation (article 53) . 2 f. 25 c.

2° Du procès-verbal de consignation, soit qu'il y ait eu ou non offres réelles (articles 49, 53 et 54) 4 f.

Art. 4.

Il sera alloué pour chaque copie des exploits ci-dessus le quart de la somme fixée pour l'original.

Art. 5.

Lorsque les copies de pièces dont la notification a lieu en vertu de la loi seront certifiées par l'huissier, il lui sera payé trente centimes par chaque rôle, évalué à raison de vingt-huit lignes à la page, et quatorze à seize syllabes à la ligne (article 57).

Art. 6.

Les copies de pièces déposées dans les archives de l'administration qui seront réclamées par les parties dans leur intérêt pour l'exécution de la loi, et qui seront certifiées par les agens de l'administration, seront payées à l'administration sur le même taux que les copies certifiées par les huissiers.

Art. 7.

Il sera alloué à tous huissiers cinquante centimes

pour visa de leurs actes, dans le cas où cette formalité est prescrite.

Ce droit sera double, si le refus du fonctionnaire
qui doit donner le visa oblige l'huissier à se transporter auprès d'un autre fonctionnaire.

ART. 8.

Les huissiers ne pourront rien réclamer pour le
papier des actes par eux notifiés, ni pour l'avoir fait
viser pour timbre.

Ils emploieront du papier d'une dimension égale,
au moins, à celle des feuilles assujéties au timbre de
soixante-dix centimes.

CHAPITRE II.

Des Greffiers.

ART. 9.

Tous extraits ou expéditions délivrés par les greffiers en matière d'expropriation pour cause d'utilité
publique, seront portés sur papier d'une dimension
égale à celle des feuilles assujéties au timbre de un
franc vingt-cinq centimes.

Ils contiendront vingt-huit lignes à la page, et
quatorze à seize syllabes à la ligne.

ART. 10.

Il sera alloué aux greffiers quarante centimes pour
chaque rôle d'expédition ou d'extrait.

ART. 11.

il sera alloué aux greffiers, pour la rédaction du procès-verbal des opérations du jury spécial, cinq francs pour chaque affaire terminée par décision du jury rendue exécutoire.

Néanmoins cette allocation ne pourra jamais excéder quinze francs par jour, quel que soit le nombre des affaires; et, dans ce cas, ladite somme de quinze francs sera répartie également entre chacune des affaires terminées le même jour.

ART. 12.

L'état des dépens sera rédigé par le greffier.

Celle des parties qui requerra la taxe devra, dans les trois jours qui suivront la décision du jury, remettre au greffier toutes les pièces justificatives.

Le greffier paraphera chaque pièce admise en taxe, avant de la remettre à la partie.

ART. 13.

Il sera alloué au greffier dix centimes pour chaque article de l'état des dépens, y compris le paraphe des pièces.

ART. 14.

L'ordonnance d'exécution du magistrat directeur du jury indiquera la somme des dépens taxés et la proportion dans laquelle chaque partie devra les supporter.

ART. 15.

Au moyen des droits ci-dessus accordés aux greffiers, il ne leur sera alloué aucune autre rétribution
à aucun titre, sauf les droits de transport dont il
sera parlé ci-après ; et ils demeureront chargés,

1° Du traitement des commis greffiers, s'il était
besoin d'en établir pour le service des assises spéciales ;

2° De toutes fournitures de bureau nécessaires
pour la tenue de ces assises ;

3° De la fourniture du papier des expéditions ou
extraits, qu'ils devront aussi faire viser pour timbre.

CHAPITRE III.

Des indemnités de transport.

ART. 16.

Lorsque les assises spéciales se tiendront ailleurs
que dans la ville où siége le tribunal, le magistrat
directeur du jury aura droit à une indemnité fixée
de la manière suivante :

S'il se transporte à plus de cinq kilomètres de sa
résidence, il recevra pour tous frais de voyage, de
nourriture et de séjour, une indemnité de 9 francs
par jour ;

S'il se transporte à plus de deux myriamètres,
l'indemnité sera de 12 frans par jour.

Art. 17.

Dans le même cas, le greffier ou son commis asser-
menté recevra 6 ou 8 francs par jour, suivant que
le voyage sera de plus de cinq kilomètres ou de
plus de deux myriamètres, ainsi qu'il est dit dans
l'article précédent.

Art. 18.

Les jurés qui se transporteront à plus de deux kilomètres du lieu où se tiendront les assises spéciales,
pour les descentes sur les lieux, autorisées par l'article 37 de la loi du 7 juillet 1833, recevront, s'ils en
font la demande formelle, une indemnité qui sera
fixée, pour chaque myriamètre parcouru, en allant
et revenant, à 2 francs 50 centimes. Il ne leur sera
rien alloué pour toute autre cause que ce soit, à raison de leurs fonctions, si ce n'est dans le cas de
séjour forcé en route, comme il est dit ci-après, article 24.

Art. 19.

Les personnes qui seront appelées pour éclairer le
jury, conformément à l'article 37 précité, recevront,
si elles le requièrent, savoir :

Quand elles ne seront pas domiciliées à plus d'un
myriamètre du lieu où elles doivent être entendues,
pour indemnité de comparution, 1 franc 50 c.

Quand elles seront domiciliées à plus d'un myriamètre, pour indemnité de voyage, lorsqu'elles ne

seront pas sorties de leur arrondissement, 1 franc
par myriamètre parcouru en allant et revenant ; et
lorsqu'elles seront sorties de leur arrondissement,
un franc cinquante centimes.

Dans le cas où l'indemnité de voyage est allouée,
il ne doit être accordé aucune taxe de comparution.

Art. 20.

Les personnes appelées devant le jury, qui reçoivent un traitement quelconque à raison d'un service
public, n'auront droit qu'à l'indemnité de voyage,
s'il y a lieu, et si elles la requièrent.

Art. 21.

Les huissiers qui instrumenteront dans les procé-
dures en matière d'expropriation pour cause d'utilité
publique recevront, lorsqu'ils seront obligés de se
transporter à plus de deux kilomètres de leur résidence, un franc cinquante centimes pour chaque
myriamètre parcouru en allant et en revenant,
sans préjudice de l'application de l'article 35 du décret du 14 juin 1813.

Art. 22.

Les indemnités de transport ci-dessues établies
seront réglées par myriamètre et demi-myriamètre.
Les fractions de huit ou neuf kilomètres seront comptées pour un myriamètre, et celles de trois à huit
kilomètres pour un demi-myriamètre.

Art. 23.

Les distances seront calculées d'après le tableau dressé par les préfets, conformément à l'article 93 du décret du 18 juin 1811.

Art. 24.

Lorsque les individus dénommés ci-dessus seront arrêtés dans le cours du voyage par force majeure, ils recevront en indemnité, pour chaque jour de séjour forcé, savoir :

Les jurés, deux francs cinquante centimes ;

Les personnes appelées devant le jury et les huissiers, un franc cinquante centimes.

Ils seront tenus de faire constater par le juge de paix, et à son défaut par l'un des suppléans ou par le maire, et à son défaut par l'un de ses adjoints, la cause du séjour forcé en route, et d'en représenter le certificat à l'appui de leur demande en taxe.

Art. 25.

Si les personnes appelées devant le jury sont obligées de prolonger leur séjour dans le lieu où se fait l'instruction, et que ce lieu soit éloigné de plus d'un myriamètre de leur résidence, il leur sera alloué, pour chaque journée, une indemnité de deux francs.

Art. 26.

Les indemnités des jurés et des personnes appelées

pour éclairer le jury seront acquittées comme frais
urgens par le receveur de l'enregistrement, sur un
simple mandat du magistrat directeur du jury, lequel mandat devra, lorsqu'il s'agira d'un transport,
indiquer le nombre des myriamètres parcourus, et,
dans tous les cas, faire mention expresse de la demande d'indemnité.

Art. 27.

Seront également acquittées par le receveur de
l'enregistrement les indemnités de déplacement que
le magistrat directeur du jury et son greffier pourront réclamer lorsque la réunion du jury aura lieu
dans une commune autre que le chef-lieu judiciaire
de l'arrondissement. Le paiement sera fait sur un
état certifié et signé par le magistrat directeur du
jury, indiquant le nombre des journées employées
au transport, et la distance entre le lieu où siége le
jury et le chef-lieu judiciaire de l'arrondissement.

Art. 28.

Dans tous les cas, les indemnités de transport allouées au magistrat directeur du jury et au greffier,
resteront à la charge, soit de l'administration, soit de
la compagnie concessionnaire qui aura provoqué
l'expropriation, et ne pourront entrer dans la taxe
des dépens.

8

CHAPITRE IV.

Dispositions générales.

Art. 29.

Il ne sera alloué aucune taxe aux agens de l'administration autorisés par la loi du 7 juillet 1833 à instrumenter concurremment avec les huissiers.

Art. 30.

Le greffier tiendra exactement note des indemnités allouées aux jurés et aux personnes qui seront appelées pour éclairer le jury, et en portera le montant dans l'état de liquidation des frais.

Art. 31.

L'administration de l'enregistrement se fera rembourser de ses avances comprises dans la liquidation des frais, par la partie qui sera condamnée aux dépens, en vertu d'un exécutoire délivré par le magistrat directeur du jury, et selon le mode usité pour le recouvrement des droits dont la perception est confiée à cette administration.

Quant aux indemnités de transport payées au magistrat directeur du jury et au greffier, et qui, suivant l'article 28 ci-dessus, ne pourront entrer dans la taxe des dépens, elle en sera remboursée, soit par l'administration, soit par la compagnie concessionnaire, qui aura provoqué l'expropriation.

ART. 32.

Notre garde des sceaux, ministre de la justice, notre ministre du commerce et des travaux publics, et notre ministre des finances, sont chargés, chacun en ce qui le concerne, de l'exécution de la présente ordonnance, qui sera insérée au Bulletin des Lois.

ORDONNANCE DU ROI

DU 22 MARS 1835,

Relative aux terrains acquis pour des travaux d'utilité publique, et qui n'auraient pas reçu ou ne recevraient pas cette destination.

LOUIS-PHILIPPE, etc. Vu les art. 60, 61 et 66 de la loi du 7 juillet 1833, sur l'expropriation pour cause d'utilité publique;

Voulant régler le mode d'exercice du privilége accordé par ces articles aux anciens propriétaires des terrains acquis pour des travaux d'utilité publique que l'administration serait dans le cas de revendre;

Vu les avis de nos ministres secrétaires d'état de l'intérieur et de la guerre;

Sur le rapport de notre ministre secrétaire d'état des finances, etc.

ARTICLE PREMIER.

Les terrains ou portions de terrains acquis pour

des travaux d'utilité publique, et qui n'auraient pas reçu ou ne recevraient pas cette destination, seront remis à l'administration des domaines pour être rétrocédés, s'il y a lieu, aux anciens propriétaires ou à leurs ayant-droit, conformément aux articles 60 et 61 de la loi du 7 juillet 1833.

Le contrat de rétrocession sera passé devant le préfet du département ou devant le sous-préfet, sur délégation du préfet, en présence et avec le concours d'un préposé de l'administration des domaines et d'un agent du ministère pour le compte duquel l'acquisition des terrains avait été faite.

Le prix de la rétrocession sera versé dans les caisses du domaine.

ART. 2.

Si les anciens propriétaires ou leurs ayant-droit encourent la déchéance du privilége qui leur est accordé par les articles 60 et 61 de la loi du 7 juillet, les terrains ou portions de terrains seront aliénés dans la forme tracée pour l'aliénation des biens de l'état, à la diligence de l'administration des domaines.

ART. 3.

Nos ministres secrétaires d'état sont chargés, chacun en ce qui le concerne, de l'exécution de la présente ordonnance.

ORDONNANCE DU ROI

[DU 30 MARS 1831,

*Relative à l'expropriation et à l'occupation tempo-
raire, en cas d'urgence, des propriétés privées nécessaires aux travaux des* FORTIFICATIONS.

Présentation à la Chambre des Députés, le 9 février (*Mon.* du 10); rapport par M. Gillon, le
6 mars (*Mon.* du 15); discussion, adoption le 14
(*Mon.* des 15 et 16), à la majorité de 197 voix
contre 20.

Présentation à la Chambre des Pairs, le 18 mars
(*Mon.* du 19); rapport par le comte de Villegontier,
le 23 (*Mon.* du 26); discussion, adoption le 25
(*Mon.* du 26), à la majorité de 101 contre une.

ARTICLE Ier

Lorsqu'il y aura lieu d'occuper tout ou partie
d'une ou de plusieurs propriétés particulières pour
y faire des travaux de fortifications dont l'urgence
ne permettra pas d'accomplir les formalités de la
loi du 8 mars 1810, il sera procédé de la manière
suivante.

ART. 2.

L'ordonnance royale qui autorisera les travaux

et déclarera l'utilité publique, déclarera en même temps qu'*il y a urgence*.

ART. 3.

Dans les vingt-quatre heures de la réception de l'ordonnance du Roi, le préfet du département où les travaux de fortifications devront être exécutés, transmettra ampliation de ladite ordonnance au procureur du Roi près le tribunal de l'arrondissement où seront situées les propriétés qu'il s'agira d'occuper, et au maire de la commune de leur situation.

Sur le vu de cette ordonnance, le procureur du Roi requerra de suite, et le tribunal ordonnera immédiatement, que l'un des juges se transportera sur les lieux avec un expert que le tribunal nommera d'office.

Le maire fera sans délai publier l'ordonnance royale par affiche, tant à la principale porte de l'église du lieu qu'à celle de la maison commune, et par tous autres moyens possibles. Les publications et affiches seront certifiées par ce magistrat.

ART. 4.

Dans les vingt-quatre heures, le juge-commissaire rendra, pour fixer le jour et l'heure de sa descente sur les lieux, une ordonnance qui sera signifiée, à la requête du procureur du Roi, au maire de la commune où le transport devra s'effectuer, et à l'expert nommé par le tribunal.

Le transport s'effectuera dans les dix jours de cette ordonnance, et seulement huit jours après la signification dont il vient d'être parlé.

Le maire, sur les indications qui lui seront données par l'agent militaire chargé de la direction des travaux, convoquera, au moins cinq jours à l'avance, pour le jour et l'heure indiqués par le juge-commissaire,

1° Les propriétaires intéressés, et, s'ils ne résident pas sur les lieux, leurs agens, mandataires ou ayant-cause;

2° Les usufruitiers, ou autres personnes intéressées, telles que fermiers locataires, ou occupans à quelque titre que ce soit.

Les personnes ainsi convoquées pourront se faire assister par un expert ou arpenteur.

Art. 5.

Un agent de l'administration des domaines et un expert ingénieur, architecte ou arpenteur, désignés, l'un et l'autre par le préfet, se transporteront sur les lieux au jour et à l'heure indiqués pour se réunir au juge-commissaire, au maire ou à l'adjoint, à l'agent militaire et à l'expert désigné par le tribunal.

Le juge-commissaire recevra le serment préalable

des experts sur les lieux, et il en sera fait mention au procès-verbal.

L'agent militaire déterminera, en présence de tous, par des pieux et piquets, le périmètre du terrain dont l'exécution des travaux nécessitera l'occupation.

ART. 6.

Cette opération achevée, l'expert désigné par le préfet procédera immédiatement et sans interruption, de concert avec l'agent de l'administration du domaine, à la levée du plan parcellaire, pour indiquer dans le plan général de circonscription les limites et la superficie des propriétés particulières.

ART. 7.

L'expert nommé par le tribunal dressera un procès-verbal qui comprendra,

1o La désignation des lieux, des cultures, plantations, clôtures, bâtimens et autres accessoires des fonds : cet état descriptif devra être assez détaillé pour pouvoir servir de base à l'appréciation de la valeur foncière, et, en cas de besoin, de la valeur locative, ainsi que des dommages et intérêts résultant des changemens ou dégâts qui pourront avoir lieu ultérieurement ;

2° L'estimation de la valeur foncière et locative de chaque parcelle de ces dépendances, ainsi que de l'indemnité qui pourra être due pour frais de déménagement, pertes de récoltes, détérioration d'objets mobiliers, où tous autres dommages.

Ces diverses opérations auront lieu contradictoirement avec l'agent de l'administration des domaines et l'expert nommé par le préfet, avec les parties intéressées si elles sont présentes et qu'elles n'aient point nommé d'expert, ou si elles n'ont point le libre exercice de leurs droits, un expert sera désigné d'office par le juge-commissaire pour les représenter.

ART. 8.

L'expert nommé par le tribunal devra, dans son procès-verbal,

1º Indiquer la nature et la contenance de chaque propriété, la nature de constructions, l'usage auquel elles sont destinées, les motifs des évaluations diverses, et le temps qu'il paraît nécessaire d'accorder aux occupans pour évacuer les lieux;

2º Transcrire l'avis de chacun des autres experts, et les observations et réquisitions, telles qu'elles lui seront faites, de l'agent militaire, du maire, de l'agent du domaine, et des parties intéressées ou de leurs représentans. Chacun signera ses dires, ou mention sera faite de la cause qui l'en empêche.

ART. 9.

Lorsque les propriétaires ayant le libre exercice

de leurs droits consentiront à la cession qui leur
sera demandée et aux conditions qui leur seront
offertes par l'administration, il sera passé entre
eux et le préfet un acte de vente qui sera rédigé
dans la forme des actes d'administration et dont la
minute restera déposée aux archives de la préfecture.

ART. 10.

Dans le cas contraire, sur le vu de la minute du
procès-verbal dressé par l'expert, et de celui du
juge-commissaire qui aura assisté à toutes les opérations, le tribunal, dans une audience tenue aussitôt après le retour de ce magistrat, déterminera,
en procédant comme en matière sommaire, sans
retard et sans frais,

1° L'indemnité de déménagement à payer aux
détenteurs avant l'occupation ;

2° L'indemnité approximative et provisionnelle
de dépossession qui devra être consignée, sauf réglement ultérieur et définitif préalablement à la
prise de possession.

Le même jugement autorisera le préfet à se mettre en possession, à la charge,

1° De payer sans délai l'indemnité de déménagement, soit au propriétaire, soit au locataire ;

2° De signifier avec le jugement l'acte de consignation de l'indemnité provisionnelle de dépossession.

Ledit jugement déterminera le délai dans lequel,
à compter de l'accomplissement de ces formalités,
les détenteurs seront tenus d'abandonner les lieux.

Ce délai ne pourra excéder cinq jours pour les
propriétés non bâties, et dix jours pour les propriétés bâties.

Le jugement sera exécutoire nonobstant appel ou
opposition.

ART. 11.

L'acceptation de l'indemnité approximative et
provisionnelle de dépossession ne fera aucun préjudice à la fixation de l'indemnité définitive.

Si l'indemnité provisionnelle n'excède pas cent
francs, le paiement en sera effectué sans production
d'un certificat d'affranchissement d'hypothèque et
sans formalité de purge hypothécaire.

Si l'indemnité excède cette somme, le Gouvernement fera, dans les trois mois de la date du jugement dont il est parlé dans l'article précédent, transcrire ledit jugement, et purgera les hypothèques
légales. A l'expiration de ce délai, l'indemnité provisionnelle sera exigible de plein droit, lors même
que les formalités ci-dessus n'auraient pas été remplies, à moins qu'il n'y ait des inscriptions ou des
saisies-arrêts ou oppositions : dans ce cas, il sera
procédé selon les règles ordinaires et sans préjudice

des dispositions de l'article 26 de la loi du 8 mars 1810 (1).

Art. 12.

Aussitôt après la prise de possession, le tribunal (2) procédera au réglement définitif de l'indemnité de dépossession, dans les formes prescrites par les articles 16 et suivans de la loi du 8 mars 1810. Si l'indemnité définitive excède l'indemnité provisionnelle, cet excédant sera payé conformément à l'article précédent.

Art. 13.

L'occupation temporaire prescrite par ordonnance royale ne pourra avoir lieu que pour des propriétés non bâties.

L'indemnité annuelle représentative de la valeur locative de ces propriétés et du dommage résultant du fait de la dépossession, sera réglée à l'amiable ou par autorité de justice, et payée par moitié, de six mois en six mois, au propriétaire et au fermier, le cas échéant.

Lors de la remise des terrains qui n'auront été

---

(1) Les dispositions de cet article, relativement à la purge des hypothèques et aux effets du jugement à l'égard des tiers, sont aujourd'hui remplacées par les articles 16, 17 et 18 de la loi du 7 juillet 1833 qui abroge celle du 8 mars 1810.

(2) Ce n'est plus le tribunal qui procédera au réglement définitif de l'indemnité ; c'est le jury, conformément au titre IV de la loi du 7 juillet 1833.

occupés que temporairement, l'indemnité due pour les détériorations causées par les travaux, ou pour la différence entre l'état des lieux au moment de la remise et l'état constaté par le procès-verbal descriptif, sera payée sur réglement amiable ou judiciaire, soit au propriétaire, soit au fermier ou exploitant, et selon leurs droits respectifs.

Art. 14.

Si, dans le cours de la troisième année d'occupation provisoire, le propriétaire ou son ayant-droit n'est pas remis en possession, ce propriétaire pourra exiger et l'état sera tenu de payer l'indemnité pour la cession de l'immeuble, qui deviendra dès-lors propriété publique.

L'indemnité foncière sera réglée, non sur l'état de la propriété à cette époque, mais sur son état au moment de l'occupation, tel qu'il aura été constaté par le procès-verbal descriptif.

Tout dommage causé au fermier ou exploitant par cette dépossession définitive lui sera payé après réglement amiable ou judiciaire.

Art. 15.

Dans tous les cas où l'occupation provisoire ou définitive donnerait lieu à des travaux pour lesquels un crédit n'aurait pas été ouvert au budget de l'état, la dépense restera soumise à l'exécution de l'article 152 de la loi du 25 mars 1817.

FIN.

TABLE

DES MATIERES.

FIN DE LA TABLE.

Texte détérioré — reliure défect

NF Z 43-120-11

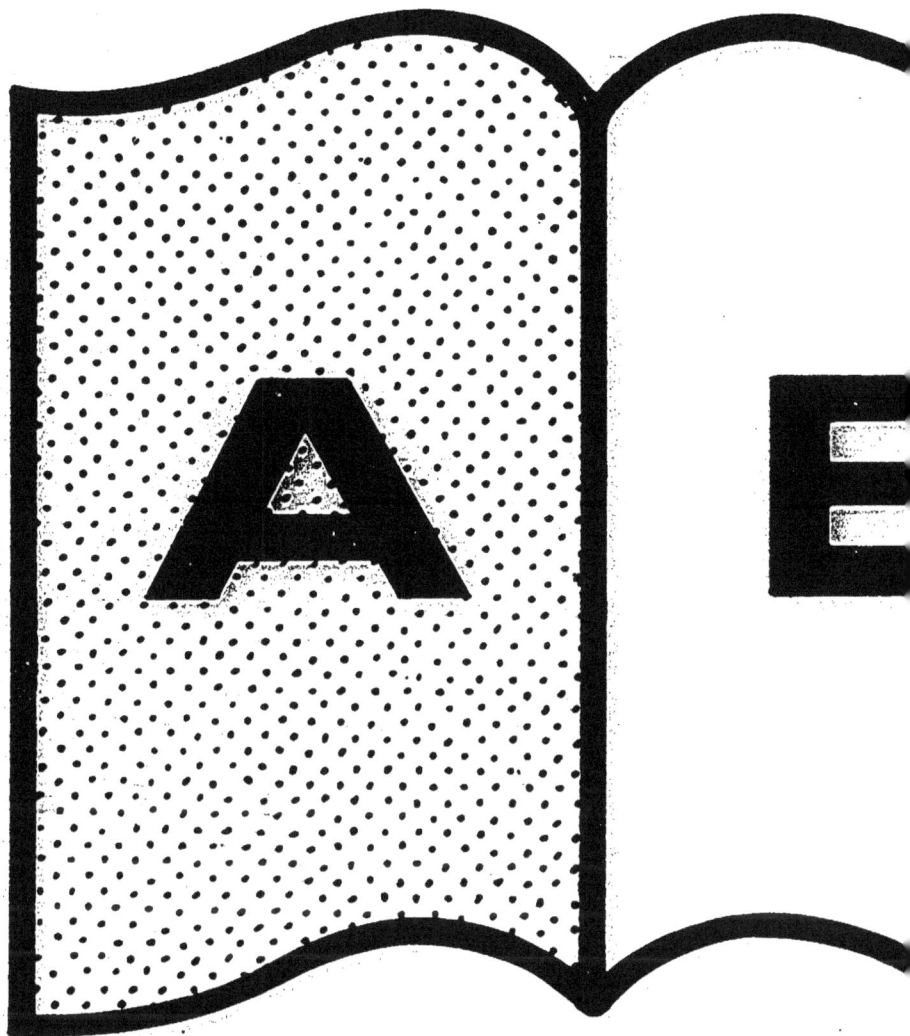

Contraste insuffisant

NF Z 43-120-14

www.ingramcontent.com/pod-product-compliance
Lightning Source LLC
Chambersburg PA
CBHW062031200326
41519CB00017B/5001